Das Abenteuer
Der Freund

Fröhliche Wissenschaft 094

Giorgio Agamben

Das Abenteuer
Der Freund

Aus dem Italienischen
von Andreas Hiepko

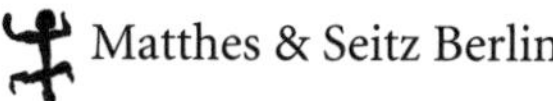
Matthes & Seitz Berlin

Das Abenteuer

Inhalt

1. Dämon

Wer will sich getrauen bei der Auffahrt zum Aether das Fünfgespann Daimon, Eros, Tyche, Ananke und Elpis zu meistern?

Aby Warburg

In den *Saturnalien* des Macrobius behauptet ein Teilnehmer der Tischgespräche, dass nach ägyptischem Glauben einem jeden Menschen bei seiner Geburt vier Gottheiten zur Seite stehen: Daimon, Tyche, Eros und Ananke (der Dämon, das Schicksal, die Liebe und die Notwendigkeit). »Die Ägypter übertragen die Symbolik des Caduceus auf die Geburtsstunde des Menschen, die *genesis* heißt. Sie glauben, dass vier Götter der Geburt des Menschen als Bürgen beiwohnen: der Dämon, das Schicksal, die Liebe und die Notwendigkeit. Die zwei ersten wollen sie als Sonne und Mond verstanden wissen, weil der Sonnengott, aus dem der Geist, die Wärme und das Licht hervorgehen, Erzeuger und Bewahrer des menschlichen Lebens ist, und deshalb als Daimon, d. h. Gott, des Neugeborenen gilt, während Tyche die Mondgöttin ist, weil diese den

Körpern vorsteht, die den zufälligen Bewegungen unterworfen sind. Die Liebe wird durch den Kuss bezeichnet, die Notwendigkeit durch den Knoten« (*Sat.* 1,19).

Diesen vier Gottheiten, die man weder fliehen noch überlisten kann, hat ein jeder seinen Tribut zu zollen: dem Dämon, weil man ihm Charakter und Wesen verdankt; Eros, weil von ihm Fruchtbarkeit und Erkenntnis abhängen; Tyche und Ananke, weil Lebenskunst nicht zuletzt darin besteht, sich dem Unausweichlichen in rechtem Maße zu fügen. Das Verhältnis, in dem wir zu diesen Mächten stehen, bestimmt unsere Ethik.

Bei der Lektüre der Abhandlung *Tyche und Nemesis* des dänischen Philologen Georg Zoëga war Goethe 1817 eher zufällig auf die Macrobius-Stelle gestoßen. Im Oktober desselben Jahres entstanden die *Urworte*, mit denen der auf sein Leben zurückblickende Achtundsechzigjährige den Gottheiten des Macrobius – denen er mit Elpis, der Hoffnung, eine fünfte zur Seite stellte – das zurückzahlen wollte, was er ihnen zu schulden glaubte. Deutlicher als in diesen fünf »orphischen« Strophen (der vollständige Titel lautet *Urworte. Orphisch*) und den sie begleitenden knappen Kommentaren in Prosa bekannte sich Goethe sonst nirgends zu dem Aberglauben, dem er sein Leben verschrieben hatte: dem Kult des Dämons. Bereits einige Jahre zuvor hatte er in *Dichtung und Wahrheit* sein ambivalentes Verhältnis zu dieser unbegreiflichen Macht beschrieben: »Er glaubte in der Natur, der belebten und unbelebten, der beseelten und unbeseelten, etwas zu entdecken, das sich nur in Widersprüchen manifestierte und deshalb unter keinen Begriff, noch viel weniger unter ein Wort gefaßt werden könnte. Es war nicht göttlich, denn es schien unvernünftig; nicht menschlich, denn es hatte keinen Verstand; nicht teuflisch, denn es war wohltätig; nicht englisch, denn es ließ oft Schadenfreude merken. Es glich dem Zufall, denn es bewies keine Folge; es ähnelte der Vorsehung, denn es deutete auf Zusammenhang. Alles, was uns begrenzt, schien für dasselbe durchdringbar; es schien mit den notwendigen Elementen unsres Daseins willkürlich zu schalten; es zog die Zeit zusammen und dehnte den Raum aus. Nur im Unmöglichen schien es sich zu gefallen und das Mögliche mit Verachtung von sich zu stoßen. Dieses Wesen, das zwischen alle übrigen hineinzutreten, sie zu sondern, sie zu verbinden schien, nannte ich dämonisch, nach dem Beispiel der Alten und derer, die etwas Ähnliches gewahrt hatten. Ich suchte mich vor diesem furchtbaren Wesen zu retten.«

Schon eine etwas aufmerksamere Lektüre der *Urworte* zeigt, dass die Frömmigkeit, die in der Autobiografie noch mit einem gewissen Vorbehalt geäußert wurde, nun zu einer Art Credo wird, in das Astrologie und Wissenschaft einfließen. Denn für den Dichter steht mit dem Daimon nichts Geringeres auf dem Spiel als der Versuch, die Verbindung von Leben und Werk als seine Bestimmung erscheinen zu lassen. Der Daimon, der den Reigen eröffnet, ist kein unbegreifliches, widersprüchliches Wesen mehr, er ist, wie die Einschaltung der Strophen in den Kontext der Schriften über die *Metamorphose der Pflanzen* zeigt, zu einer kosmischen Macht, zu einer Art Naturgesetz geworden:

> Wie an dem Tag, der dich der Welt verliehen,
> Die Sonne stand zum Gruße der Planeten,
> Bist alsobald und fort und fort gediehen
> Nach dem Gesetz, wonach du angetreten.
> So mußt du sein, dir kannst du nicht entfliehen,
> So sagten schon Sibyllen, so Propheten,
> Und keine Zeit und keine Macht zerstückelt
> Geprägte Form, die lebend sich entwickelt.

»Der Dämon bedeutet hier«, wie es im Prosakommentar unmissverständlich heißt, »die notwendige, bei der Geburt unmittelbar ausgesprochene, begrenzte Individualität«, die »angeborene Kraft und Eigenheit«, die »mehr als alles übrige des Menschen Schicksal bestimmen«. Wie in der Autobiografie der Zufall nur ein Aspekt des Dämonischen war, steht auch das zweite orphische Urwort – Tyche, das Zufällige – lediglich für das wandelbare Element. Besonders in den Jugendjahren suche sie den Dämon heim, um ihn, wenn auch vergebens, »mit ihren Neigungen und Spielen« abzulenken, denn er halte sich durch alles durch, kehre, so oft auch ausgetrieben, immer wieder unbezwinglicher zurück. In dem Versuch, Dämon und Zufall in ein persönliches Schicksal zusammenzuzwingen, kommt Goethes tiefste Überzeugung zum Ausdruck.

Schwieriger fällt es ihm, vor Eros Rechenschaft abzulegen. Denn er wusste nur allzu gut, dass er dem dritten Numen gegenüber säumig geblieben war. Die »erotische Unentschiedenheit«, die »Versäumnis in seinem erotischen Leben«, die Benjamin Goethe im Artikel für die *Sowjetische Enzyklopädie* und im *Wahlverwandtschaften*-Aufsatz attestiert, waren in Wirklichkeit der bewusste Verzicht auf eine bis auf den Grund ausgekostete Liebesbeziehung. Bezeichnenderweise war das einzige Verhältnis, das Goethe nicht abbrach, das mit Christiane Vulpius, der Arbeiterin aus der Kunstblumenfabrik, mit der er einen Sohn hatte. Und wenn er sich mehr als fünfzehn Jahre später dazu durchringen konnte, sie zu heiraten, dann nicht zuletzt deshalb, weil der unüberbrückbare Standesunterschied, der sie trennte, es verbot, in der Ehe mehr zu sehen als eine der Mutter seines einzigen Kindes geschuldete Entschädigung. Insofern überrascht es nicht, dass Eros in den *Urworten* in keinem günstigen Licht erscheint. Denn in der Liebe ließe sich – wie der Prosakommentar erklärt – der individuelle Dämon von der »verführenden Tyche« umgarnen: Er meint »nur sich zu gehorchen, sein eigenes Wollen walten zu lassen«, doch tatsächlich »sind es Zufälligkeiten, [...] Fremdartiges, was ihn von seinem Wege ablenkt; er glaubt zu erhaschen und wird gefangen; er glaubt gewonnen zu haben und ist schon verloren«.

In Ananke, der Notwendigkeit, der letzten und zugleich dunkelsten Gottheit des Macrobius, sieht Goethe vor allem eine Macht, die den Ablenkungen Tyches und Eros' entgegenwirkt, indem sie die schicksalhafte Fesselung des Individuums an seinen Dämon noch fester zieht. Sie steht für jene astrale Macht des »Gesetzes«, die schon den Dämon der ersten Strophe bestimmte:

Da ist's denn wieder, wie die Sterne wollten:
Bedingung und Gesetz, und aller Wille
Ist nur ein Wollen, weil wir eben sollten,
Und vor dem Willen schweigt die Willkür
stille;
Das Liebste wird vom Herzen weggescholten,
Dem harten Muß bequemt sich Will' und
Grille.
So sind wir scheinfrei denn nach manchen
Jahren
Nur enger dran, als wir am Anfang waren.

Recht betrachtet huldigt Goethe in den *Urworten* nur einer Gottheit, dem Daimon. Welche Strategie der Dichter damit verfolgt, liegt auf der Hand: Die Einschreibung seiner Existenz in eine dämonische Konstellation soll sie jedem ethischen Urteil entziehen. Insofern besiegeln die *Urworte* die Nichtverantwortlichkeitserklärung, die der dreißigjährige Dichter im Fragment *Über die Natur* abgegeben hatte: »Sie hat mich hereinsgestellt, sie wird mich auch herausführen. Ich vertraue mich ihr. Sie mag mit mir schalten; sie wird ihr Werk nicht hassen. [...] Alles ist ihre Schuld, alles ist ihr Verdienst.«

Doch Verantwortlichkeit ist kein ethischer, sondern ein juridischer Begriff: Die Geste, sie von sich zu weisen, ist der Ethik ebenso fremd wie jene, sie übernehmen zu wollen. Vielmehr drückt sich in ihr ein Unbehagen aus, das dem Dichter wohl kaum entgangen sein dürfte. Denn der Dämon, mit dem er einen wenn auch formlosen so doch in seiner Unauflösbarkeit dem Faust'schen in nichts nachstehenden Pakt geschlossen hatte, ist jene undurchsichtige Macht, die dem Individuum – unter der Bedingung, dass es sich jeder ethischen Entscheidung enthält – Erfolg garantiert. Dank dieses Pakts kann Goethe sich ein Leben entwerfen, in dem noch der unbedeutendste Vorfall und der beiläufigste Ausspruch eine dämonische Signatur trägt, die ihre Gelungenheit verbürgt und gebietet, von einem Heer von Schreibern und Gehilfen (Eckermann, Riemer, Müller) aufgezeichnet zu werden. Leben und Schreiben, vom Dämon in ein Schicksal verstrickt, bieten einander hinreichende Gewähr für ihr jeweiliges Gelingen.

Es wird das Wissen um diese Flucht aus der Verantwortung gewesen sein, die Goethe dazu bewogen hat, den vier Götternamen des Macrobius einen fünften hinzuzufügen, von dem sich »jedes feine Gemüt den Kommentar sittlich und religios« gerne selbst bilden werde. Doch auch Elpis, die Hoffnung, die das Prosimetrum beschließt, ist nur eine weitere Maske des Daimons, der das Leben des Einzelnen mit einem Flügelschlag über Welt und Zeit erheben wird

(»ein Flügelschlag – und hinter uns Äonen«). Denn was dem letzten orphischen Urwort, der Hoffnung, fehlt, ist der Glaube, der ihr, der paulinischen Lehre zufolge, einzig hätte Gehalt geben können (»Die Hoffnung, die man sieht, ist nicht Hoffnung«, Röm 8,24; »Der Glaube ist der feste Grund, für das, was man hofft«, *Heb.* 11,1). Elpis bleibt der abergläubischen Sphäre des Dämons verhaftet. Von ihm, nicht von der Hoffnung erwartet sich der Dichter das Heil. Doch ohne Aberglauben käme man gar nicht auf die Idee, das gestaltlose Chaos des eigenen Lebens in eine dämonische Ordnung bringen zu können, die es unfehlbar zum Erfolg führt; denn wahre Frömmigkeit sieht gerade in der nüchternen Zurkenntnisnahme dieses Chaos die Möglichkeit, einen Ausweg aus jeder scheinbaren Ordnung zu finden.

Wenn Macrobius Tyche zu den Gottheiten zählt, die das Leben der Menschen hüten und lenken, kann er sich auf eine bis ins 6. Jahrhundert v. Chr. zurückgehende Tradition berufen, die ihr eine herausragende Stellung einräumt (man denke an Ödipus, der sich »Sohn der Tyche« nennt – *Oed. rex* v. 1080). In einer Rede des Dion Crysostomos, die Macrobius wohl gekannt haben wird, gibt sich Tyches Bedeutung in einer ungeahnten Ausweitung ihrer Kompetenzen zu erkennen: auch solche, die traditionell anderen – vermeintlich mächtigeren – Gottheiten vorbehalten waren, fallen in ihren Bereich. »Tyche sind«, wie Dion schreibt, »von den Menschen viele Namen gegeben worden. Ihre Unparteilichkeit [*to ison*] ist Nemesis genannt worden, ihre Unvorhersehbarkeit [*to adelon*], Elpis; ihre Unausweichlichkeit, Moira; ihre Gerechtigkeit, Themis – wahrhaftig eine Göttin vieler Namen und Wege« (D. Chr., *Or.* 64,8).

Es ist gewiss kein Zufall, dass unter den Namen Tyches mindestens zwei Gottheiten der *Urworte* auftauchen: Elpis, die Hoffnung, und Ananke (Moira, das Schicksal, ist die Tochter der Notwendigkeit). Und wenn man will, kann man hinter der düsteren Maske der Nemesis (von *nemein*, zuteilen, »die Zuteilende«) das bartlose Antlitz Daimons (*daimon*, von *daiomai*, bedeutet wörtlich derjenige, »der einem jeden sein Los und seinen Charakter zuteilt«) erkennen. Tyche ist nicht nur der Zufall, sondern auch, wie widersprüchlich dies auch klingen mag, Schicksal und Notwendigkeit. Tatsächlich ist sie die »vielnamige« Macht, die die Leben und Geschicke der Menschen von Anfang an lenkt.

Ein berühmter Aphorismus des Hippokrates fasst die ärztliche Kunst in einer Aneinanderreihung von fünf Worten zusammen: »Das Leben [*bios*] ist kurz, die Kunst [*techne*] ist lang, die Gelegenheit [*kairos*] flüchtig [*oxys*: »scharf«, »rasch«, »schwer zu fassen«], die Erfahrung [*peira*] trügerisch, die Beurteilung [*krisis*] schwierig.«

Zwischen dieser einprägsamen Aufzählung, in der das kurze Abenteuer des Menschenlebens auf dem Spiel steht, und den fünf Quasigottheiten des Macrobius und Goethes besteht ein geheimer Zusammenhang. Der *kairos* und die *krisis*, der Moment des Urteils, in dem der Arzt sich festlegen muss, ob der Kranke überleben wird, gemahnen an die dunkelste Seite Daimons und Tyches. Und in der Erfahrung – doch *peira* kann auch Probe oder Wagnis bedeuten – bilden Notwendigkeit und Hoffnung für einen Augenblick einen dramatischen Wendepunkt, dessen glücklicher Ausgang jederzeit von der Möglichkeit des Irrtums und der Täuschung bedroht ist.

2. *Aventure*

»Ja, seid Ihr es, Frau Abenteuer?«

Wolfram von Eschenbach

Im Prolog des *Yvain*, einem der erstaunlichsten Ritterromane Chrétiens de Troyes, stellt sich der Held mit folgenden Worten vor:

›Je sui‹, fet il, ›uns chevaliers
qui quier ce que trover ne puis;
assez ai quis, et rien ne truis.‹
›Et que voldroies tu trover?‹
›Aventure, por esprover
ma proesce et mon hardement.
Or te pri et quier et demant,
se tu sez, que tu me consoille
ou d'aventure ou de mervoille.‹
›A ce‹, fet il, ›faudras tu bien:
d'aventure ne sai je rien
n'oncques mes n'en oï parler.‹

›Ich bin‹, sprach er, ›ein Ritter,
der sucht, was er nicht finden kann;
lang habe ich gesucht und nichts gefunden.‹

›Was möchtest du denn finden?‹
›Abenteuer, um meine Kühnheit
und meinen Mut zu erproben.
Nun bitte und ersuche ich dich,
dass du, wenn du es kannst, mir Auskunft gibst
über Abenteuer oder Wunder.‹
›Die‹, sprach er, ›musst du schon selber machen:
vom Abenteuer weiß ich nichts,
noch hörte ich je von ihm reden.‹
(*Yvain*, vv. 358–69)

Das Wort *aventure*, mit dem der Ritter den Gegenstand seiner Suche – in dem er auch sich selbst zu finden hofft – bezeichnet, ist offensichtlich nicht jedem auf Anhieb verständlich, da sein Gesprächspartner ganz freimütig bekennt, noch nie etwas von ihm gehört zu haben. Wir wissen lediglich, dass es Ähnlichkeit mit einem Wunder habe (*d'aventure ou de mervoille*) und Yvain als Mutprobe dienen soll. Der semantischen Subtilität dieser Stelle wird man jedoch nur gewahr, wenn man sich in Erinnerung ruft, dass das altfranzösische Verb *trover* nicht einfach »finden« bedeutet. Auch wenn über dessen Etymologie unter Philologen keine Einigkeit herrscht, sicher ist, dass es ursprünglich ein Terminus technicus aus dem poetologischen Vokabular des romanischen Mittelalters war, der »dichten« bedeutete (weshalb sich die Dichter *trobadors* oder *trouvères*, also »Erfinder«, nannten).

Insofern kann man Yvain, der sucht, was er nicht finden kann, als Chiffre Chrétiens lesen, der den Stoff für sein Gedicht »finden« muss: Das Abenteuer des Ritters ist das Abenteuer, das der Dichter zu bestehen hat.

Jede etymologische Untersuchung des Wortes muss zunächst Meyer-Lübkes bequeme Hypothese infrage stellen, der zufolge es auf ein erschlossenes lateinisches **adventura* zurückzuführen sei. Denn weder ist dieses Wort im klassischen Latein belegt, noch ist die immer wieder vorgebrachte Deutung – die es als Neutrum pluralis des Partizips Futur zu lat. *advenire* bestimmt – überzeugend, da gezeigt werden konnte, dass im Lateinischen auf *-ura* endende Substantive nicht zwangsläufig vom Partizip Futur abgeleitet sind.

Gleich ob es, wie zu vermuten steht, vom klassisch-christlichen Wort *adventus* (die Ankunft eines Herrschers oder des Messias) oder, wie der späte Du Cange vorschlägt, von *eventus* abgeleitet ist, das Wort bezeichnet das Hereinbrechen von etwas Geheimnisvollen oder Wunderbaren in das Leben eines bestimmten

Menschen, im Positiven wie im Negativen. Bezeichnenderweise steht es in unmittelbarem Zusammenhang mit *advena* und *adventicius*, mit Wörtern, die Fremdling, Fremder bedeuten. Wie dem auch sei, entscheidend ist, um es mit Eberwein zu sagen, »das Moment der Wirksamkeit innerhalb eines bekannten und realen Lebenszusammenhangs« (Eberwein, S. 32).

Aventure hat in den Ritterromanen einen ebenso großen Bedeutungsreichtum wie sonst nur Tyche. Wie diese bezeichnet es sowohl den Zufall als auch das Schicksal, sowohl das unvorhersehbare Ereignis, das den Ritter auf die Probe stellt, als auch die Kette von Ereignissen, die unweigerlich eintreten werden. Von der ersten Bedeutung leiten sich die adverbiale Bestimmung *par aventure*, »durch Zufall«, und das Adjektiv *aventureux* in der Bedeutung von »gefährlich« ab (*la lande aventureuse / et la rivière perilleuse – Guing.* vv. 357–58); von der zweiten die vielfältigen Verwendungen des Wortes in der Bedeutung von »glückliche Fügung« oder »Glück«, »Verhängnis« oder »Unglück«. Entscheidend ist jedoch die unabwendbare Verstrickung der Person in das Abenteuer, das ihr widerfährt. Das Abenteuer sei, heißt es (Ranke, S. 16–19), für den Ritter Weltbegegnung und zugleich Selbstbegegnung und deshalb sowohl Quelle von Sehnsucht als auch von Bestürzung. In einem Lai Maries de France überkommt den Protagonisten auf seiner Heimkehr von einem Stelldichein mit der Geliebten so große Verwirrung, dass er an sich und dem, was er erlebt hat, zweifelt:

De s'aventure vait pensant
e en sun curage dotant
esbaïz est, ne seit que creir[e]
il ne la quide mie a veir[e].

Ständig denkt er über sein Abenteuer nach
und zweifelt in seinem Herzen daran,
er ist bestürzt, weiß nicht, was glauben,
und hält es gar nicht für wahr.
(*Lanval*, vv. 197–200)

Dennoch ist das Abenteuer umso erstrebenswerter, je wunderlicher und verwegener es ist:

Mes con plus granz est la mervoille
et l'aventure plus grevainne,
plus la covoite et plus se painne.

Aber je größer das Wunder ist
und je gewagter das Abenteuer,
desto mehr begehrt und erstrebt er es.
(*Erec*, vv. 5644–46)

Der erste, der die Doppelbedeutung des mittelhochdeutschen Wortes *âventiure* und des ihm zugrunde liegenden altfranzösischen Wortes *aventure* thematisierte, war der geniale Mitherausgeber der *Kinder- und Hausmärchen* Jacob Grimm. »Außer dem ursprünglichen sinn von ereignis, vorgang nahm nun âventiure zugleich den einer darstellung und erzählung des vorfalls an, gerade wie uns geschichte nicht allein das geschehene sondern auch den bericht darüber ausdrückt« (Grimm, S. 6). Die *aventure* (oder *âventiure*) kann wunderbar oder unvermutet sein (dann bedeutet sie so viel wie »Zufall«), segensreich oder verhängnisvoll (dann spricht man von *bonne* oder *male aventure* im Sinne von »Verhängnis« oder »Glück«), mehr oder weniger gefährlich (dann bezeichnet es eine Gelegenheit für den Ritter, seinen Mut zu beweisen): so oder so, zwischen der Begebenheit und ihrer Übertragung in Wörter zu unterscheiden ist nicht immer leicht. Von dieser Schwierigkeit zeugen die Incipits zahlreicher romanischer wie mittelhochdeutscher Texte – *Ici commence l'aventure …*, *Als uns diu âventiure zalt …*, oder die Behauptung im Parzival Flegetanis habe »die Aventiure vom Gral aufgeschrieben« (*Flegetânis schreip von grâles âventiur – Parz.* 453,30). Was hier beginnt oder aufgeschrieben wird, ist zunächst einmal die Erzählung, die jedoch restlos in den abenteuerlichen Widerfahrnissen des Protagonisten aufgeht. Deshalb hat das Abenteuer wie ein Buch oder ein Lebewesen einen Namen, »der sehr hübsch auszusprechen ist«: »*L'aventure, ce vos plevis, / La Joie de la Cort a non* [Das Abenteuer, so versichere ich Euch, heißt Die Freude des Hofes]« (*Erec*, vv. 5464–65).

Diese Koinzidenz bewirkt, dass das Wort auch »Schicksal« bedeutet: Denn das Schicksal ist nichts anderes als eine Kette von Ereignissen, die von einem Machtwort gesprochen oder vorausgesagt worden sind. In einem altfranzösischen Kurzepos heißt es vom Gott Apoll:

Bien dit a chascun s'aventure,
mes sa responsse est mout obscure.

Treffend kündet er jedem sein Schicksal,
doch ist seine Auskunft sehr dunkel.
(*Roman de Thèbes*, vv. 191–92)

Es heißt aber auch:

Aventure qui estre dit
ne poet remaindre qu'el ne seit,
e chose qui deit avenir
ne poet por nule chose faillir.

Ein Abenteuer, das stattfinden muss,
kann nicht ausbleiben,
und etwas, das geschehen muss,
kann durch nichts verhindert werden.
(*Roman de Rou*, vv. 5609–612)

Abenteuer und Rede, Leben und Sprache vermengen sich und das Metall, das aus ihrer Verschmelzung hervorgeht, ist das des Schicksals.

Chrétiens Zeitgenossin Marie de France macht das Wort *aventure* zum zentralen Terminus technicus ihrer Poetik. Deshalb behält es seine ganze Bedeutungsvielfalt, seine von Grimm beschriebene Ambivalenz. Allerdings darf man nicht bei der *lectio facilior* stehen bleiben, die im Abenteuer nichts anderes sieht als den Erzählinhalt des Lais, die Geschichte, von der es berichtet. Lässt man sich nämlich auf Spitzers Beobachtung ein, dass Marie ihre Lais in einen »Rahmen der Erinnerung« einspannt, wird unmittelbar klar, dass das Abenteuer kein der Erzählung vorausgehendes historisches Ereignis ist, sondern untrennbar mit ihr verbunden ist. Zwar erklärt die Dichterin im Prolog, die Lais, die sie gehört hat und die ihrerseits »zur Erinnerung« (*pur remembrance*) der vernommenen Abenteuer verfasst worden sind, lediglich zu transkribieren und in Reime zu fassen; doch bei diesen »Abenteuern« handelt es sich – wie es im *Guigemar* unmissverständlich heißt – immer schon um »Erzählungen«, ja sie sind sogar schon verschriftet:

Les contes ke jo sai verrais,
dunt li Bretun unt fait les lais,
vos conterai assez briefment.
El chief de cest comencement,
sulunc la lettre et l'escriture
vos mosterai une aventure.

Die Erzählungen, von denen ich weiß, dass sie wahr sind,
über welche die Bretonen die Lais verfertigt haben,
werde ich euch ganz kurz erzählen.
Ganz zu Anfang werde ich,
dem Buchstaben und der Schrift gemäß,
euch ein Abenteuer schildern.
(*Guigemar*, vv. 19–24)

Gleich Warburgs *Pathosformel* ist das Abenteuer ein zeitloser Kristall, der die Kette der Erinnerung, in die Marie ihre Lais einfügt, zusammenhält: In der *remembrance* fallen Begebenheit und Erzählung zusammen. Insofern ist das Abenteuer immer *l'aventure d'un lai*: *L'aventure d'un autre lai / cum ele avient, vus cunterai*

(»Das Abenteuer eines anderen Lais, / so wie es sich ereignete, werd' ich's euch erzählen« – *Lanv.* vv. 1–2).

Marie kann das Abenteuer unmittelbar während seines Stattfindens erzählen (im Unterschied zu *coment* hat *cum* in den Lais temporale Bedeutung), weil es kein zurückliegendes, sondern zuallererst Sprechereignis ist.

Mehrmals thematisiert Marie de France die Wahrheit des von ihr Erzählten, wobei Wahrheit und Abenteuer austauschbare Begriffe sind. So übernimmt Eliduc die im *Lanval* verwendete Formel, tauscht jedoch *aventure* gegen *verité* aus: »So wie es geschah, werde ich es euch erzählen / die Wahrheit werde ich euch darüber sagen« (*Si cum avient vus cunterai, / la verité vus en dirrai – Elid.* vv. 27–28).

Und am Ende von *Chevrefoil* erklärt die Dichterin, sie habe »die Wahrheit des Lais« berichtet, obgleich sie an anderer Stelle gesagt hatte, dessen Abenteuer erzählen zu wollen: »Berichtet habe ich euch die Wahrheit / des Lais, den ich hier erzählt habe« (*Dit vus en ai la verité / del lai que j'ai ici cunté – Chevr.* vv. 117–18).

Die Wahrheit, von der hier gesprochen wird, ist weder die apophantische der Logik noch eine historische. Sie ist poetische Wahrheit: nicht die Übereinstimmung von Begebenheit und Erzählung, Ereignissen und Wörtern, sondern deren Zusammenfall im Abenteuer. Es gibt nicht zwei verschiedene Sachen: das Abenteuer-Ereignis und die, wenn sie dieses getreu wiedergibt, wahre, wenn nicht, falsche Abenteuer-Erzählung. Abenteuer und Wahrheit sind ununterscheidbar, weil die Wahrheit eintritt und das Abenteuer nichts anderes ist als das Eintreten der Wahrheit.

In der Dichtung der Minnesänger wird das Abenteuer durch eine Frau personifiziert: *frau Âventiure*. In Wolfram von Eschenbachs *Parzival* taucht sie plötzlich beim Dichter auf und bittet ihn, sie in sein Herz einzulassen:

›Tuot ûf!‹ ›Wem? Wer sît ir?‹
›Ich wil inz herze hin zuo dir.‹
›Sô gert ir zengem rûme.‹
›Waz denne, belîbe ich kûme?
mîn dringen soltu selten klagen,
ich wil dir nu von wunder sagen.‹
›Jâ sît irz, frou Âventiure?‹

›Macht auf!‹ ›Wem? Wer seid Ihr?‹
›Ich will zu dir ins Herz hinein.‹
›Dort wird es viel zu eng für Euch.‹
›Was tut's! Schaff ich es nur mit Mühe,
du musst nicht klagen, weil ich drängle.

Ich werde dir Wunderbares berichten.‹
›Ja, seid Ihr es, Frau Abenteuer?‹
(*Parzival*, 433,1–7)

Obgleich es sich sowohl in Wolframs Versroman als auch in jüngeren Texten offenkundig immer um einen Menschen aus Fleisch und Blut handelt, ist *frou Âventiure* ebenso gewiss die erzählte Geschichte selbst. Wenn Wolfram mit ihr spricht, dann richtet er sein Wort an die Erzählung, die er gerade schreibt. Deshalb klopft *Âventiure* in Ulrich von Liechtensteins *Frauendienst* nicht mit der Faust an die Tür des Dichters, sondern mit Wörtern (»Macht auf! Mit Wörtern klopfe ich, lasst mich eintreten« – *Frauend.* v. 515), und in Rudolf von Ems' *Wilhelm von Orlens* stellt sie sich gar mit der Frage vor: »Wer hat mich gelesen?« (*Wer hât mich guoter her gelesen? – Wilh. von Orl.* v. 2143). Was durch Frau Abenteuer personifiziert wird, ist der Schreib- und Erzählakt selbst. Doch da sie mit den erzählten Begebenheiten zusammenfällt, ist sie kein Buch, sondern eine leibhaftige Frau. Von dieser Warte aus betrachtet verliert Wolframs Aussage, dass man »nur ja kein Buch [*buoch*] erwarten« dürfe, da er sich »auf Buchstaben durchaus nicht verstehe [*ine kan decheinen buochstap*]« (*Parz.* 115,27), mit einem Schlag ihre Rätselhaftigkeit. Es handelt sich dabei nicht, wie immer wieder behauptet wird, um ein Eingeständnis der Illiteralität, es spricht vielmehr für das klare Bewusstsein, dass sich das Abenteuer weder bloß im Text noch bloß in einer Abfolge von Begebenheiten abspielt, sondern dass es deren Zusammentreffen, mehr noch deren Zusammenfallen ist.

Wie Grimm nicht zu erwähnen vergisst, gibt es, da sie eine »personification der erzählten geschichte« ist, nicht eine Frau Aventiure, sondern »so viel besondere Aventiuren, als einzelne mære vorhanden waren« (Grimm, S. 22). Eine jede Aventiure müsse »einen meister finden, der sie dichte, und dem sie, wenn sie an ihn gekommen ist, all ihre heimlichkeit offenbare« (*ebd.*).

Dieses Ununterscheidbarwerden von Wort und Geschehen in *frau Âventiure* wirft auch ein erhellendes Licht auf die Besonderheit einer Episode des *Parzival*, die den Kommentatoren seit jeher Rätsel aufgegeben hat. Irgendwann stößt der junge, törichte und unerfahrene Held auf einem Feld in der Nähe des Waldes von Brizljân auf ein Zelt, in dem eine Dame schläft.

Diu frouwe was entslâfen.
Si trouc der minne wâfen,
einen munt durchliuhtic rôt,
und gerndes ritters herzen nôt.

Innen des diu frouwe slief,
der munt ir von einander lief:
der trouc der minne hitze fiur.

Die Dame war eingeschlafen.
Sie trug der Liebe Waffen:
einen leuchtend roten Mund,
des ungestümen Ritters Herzensnot.
Während die Dame schlief
öffnete sich leicht ihr Mund,
der das Feuer der Liebeshitze in sich trug.
(*Parzival*, 130,3–9)

Bemerkenswert ist, dass das nun ins Spiel kommende Wort Abenteuer nicht Parzivals Erlebnis, sondern die schlafende Dame bezeichnet: »So lag das erwünschte Abenteuer da« (*Sus lac des wunsches âventiur* – ebd., 130,10). »Abenteuer« nennt Wolfram die Dame, weil ihr Körper sowohl Chiffre des Abenteuers ist, das Parzival erlebt, als auch der Erzählung, die der Dichter vorträgt. In seiner Begegnung mit Jeschûte – wie die Dame eigentlich heißt – begegnet Parzival seiner eigenen Geschichte.

Grimm führt die Genealogie der »frau Aventiure« auf die Personifikation der dichterischen Inspiration als Göttin zurück, wie sie uns sowohl in der klassischen (als »Muse«) als auch in der germanischen Überlieferung (in der *Edda* wird Saga als *asynja*, als Göttin, bezeichnet) begegnet. »Der zum grund liegende deutsche begrif gieng von einer erzählenden, sagenden Sage aus und hernach auf das erzählte, gesagte über. Auch sage bezeichnet den vorgang, weil er gesagt worden, nicht weil er geschehen ist. Wolfram erfand also kein neues, unbekanntes wesen, legte ihm nur einen fremden namen bei, der es beeinträchtigte und verengerte« (Grimm, S. 22). Dabei entgeht ihm gerade die besondere Signatur, die das Abenteuer auszeichnet. Untrügliches Indiz für diese Eigenheit, das Grimm nur schwerlich entgangen sein dürfte, ist, dass *frau Âventiure* ihren Auftritt nicht zu Beginn des Gedichts, sondern im Laufe der Erzählung hat und zu keiner Zeit, wie in der klassischen Tradition, in Form der Anrufung angesprochen wird.

Âventiure tritt im Laufe der Geschichte auf, weil sie, anders als die Muse, keine numinose Macht ist, die vor der Erzählung existiert und dem Dichter das Wort eingibt: Vielmehr ist sie die Erzählung, lebt nur in und durch sie. Diese Frau erteilt nicht das Wort, sie selbst ist das Sprechereignis – nicht die Gabe der Erzählung, sondern die Erzählung selbst.

Aventure (*âventiure*) ist ein grundlegender Terminus technicus der mittelalterlichen Dichtungslehre. Als solcher allgemein anerkannt, heben zeitgenössische Literaturwissenschaftler besonders hervor, dass das Wort von Hartmann von Aue mit poetologischer Bedeutung aufgeladen wurde (was jedoch bereits bei Chrétien de Troyes angelegt war – Mertens, S. 339) und dass die Performativität des poetischen Textes umso größer wird, je ununterscheidbarer Erzählakt und Erzählinhalt werden (Strohschneider, S. 379 f.).

Doch es gibt noch einen weiteren Aspekt des Abenteuers, der uns hier besonders interessiert. Denn insofern in ihm die untrennbare Einheit von Begebenheit und Erzählung, Sache und Wort zum Ausdruck kommt, wächst ihm über seine poetologische Bedeutung hinaus zwangsläufig auch eine genuin ontologische Bedeutung zu. Wenn das Sein die Dimension ist, die sich den Menschen im anthropogenetischen Ereignis der Sprache eröffnet, wenn das Sein, um mit Aristoteles zu sprechen, immer etwas ist, das »man sagt«, dann besteht kein Zweifel, dass das Abenteuer eine eigenständige Seinserfahrung darstellt.

3. Eros

Arturi regis ambages pulcerrime.

Dante Alighieri

Will man diese Erfahrung genauer bestimmen, muss man sich vom modernen Abenteuerverständnis befreien, das den Zugang zur ursprünglichen Bedeutung des Wortes verstellt. Tatsächlich verliert das Abenteuer mit dem Ende des Mittelalters und dem Beginn der Neuzeit stark an Prestige und Bedeutung. Als einschlägiges Beispiel für die pejorative Verwendung des Wortes dient den Brüdern Grimm in ihrem Wörterbuch ein Satz Luthers, den er bei der Beantwortung der Frage nach der Heilswirksamkeit der Taufe geäußert hatte: »Die taufe stehet nicht auf eventum, das ist auf ebenthewr.« Zur vorbehaltlosen Verurteilung des Abenteuers kommt es jedoch erst bei Hegel. Im »Die Abenteuerlichkeit« überschriebenen Kapitel des der »romantischen Kunstform« gewidmeten Abschnitts der *Vorlesungen über die Ästhetik* unterzieht er den höfischen Roman und die mittelalterliche Dichtung im Allgemeinen einer kritischen Betrachtung. Bezeichnend für das Abenteuer sei es, dass sich in ihm das Gemüt auf die Außenwelt »nicht als auf seine von ihm durchdrungene Realität, sondern als auf ein von ihm abgetrenntes bloß Äußerliches bezieht«, das sich eben deshalb »für sich forttreibt, verwickelt und als eine endlos fortfließende, sich ändernde, verwirrende Zufälligkeit herumwirft« (Hegel, S. 211). Diese Äußerlichkeit, diese Zufälligkeit der Zwecke, deren Bestimmung nicht in dem Subjekt liegt, das sie verfolgt, macht – indem sie »ebenso zufällige Kollisionen als seltsam durcheinandergeschlungene Verzweigungen herbeiführt« – »das Abenteuerliche aus, das für die Form der Begebnisse und Handlungen den Grundtypus des Romantischen abgibt« (ebd., S. 212). Als Beispiel dieses akzidentiellen Charakters mittelalterlicher Abenteuerlichkeit führt Hegel nicht nur »die Aufsuchung des Heiligen Grals« an, sondern erstaunlicherweise auch Dantes *Göttliche Komödie*. Durch dieselbe Zufälligkeit, dieselbe Äußerlichkeit zeichne sich auch die für die mittelalterliche Literatur charakteristische Verbindung von Abenteuer und Liebe aus: »So haben hier die Handlungen der Liebe zum großen Teil ihrem spezielleren Inhalt nach keine andere Bestimmung in sich als die, Beweise der Festigkeit, Treue, Dauer der Liebe abzulegen, – zu zeigen, die umgebende Wirklichkeit mit dem ganzen Komplex ihrer Verhältnisse gelte nur als Material, die Liebe zu manifestieren. Dadurch ist die bestimmte Tat dieser Manifestation, da es nur auf den Beweis selbst ankommt, nicht durch sich selbst bestimmt, sondern dem Einfall, der Laune der Dame, der Willkür äußerlicher Zufälligkeiten überlassen« (ebd., S. 215). Und eben weil das ritterliche Liebesabenteuer dem Subjekt äußerlich bleibe, führe es unweigerlich, wie man laut Hegel bei Ariost und Cervantes sehen könne, zur Auflösung der romantischen Kunstform, die es verkörpert: »Konsequent durchgeführt, erweist sich deshalb diese ganze Abenteuerei in ihren Handlungen und Begebenheiten wie in deren Erfolg als eine sich in sich selbst auflösende und dadurch komische Welt der Ereignisse und Schicksale« (ebd., S. 216 f.).

Eine vollständigere Verkennung der mittelalterlichen Intention ist schwer vorstellbar: Denn das Abenteuer ist, wie wir gesehen haben, nicht nur dem Ritter, der es erlebt, niemals äußerlich, sondern auch für den Dichter alles andere als nebensächlich, da es als *frau Âventiure* in sein Herz dringt und mit dem Text, den er schreibt, identisch wird.

Das moderne Verständnis des Abenteuers wird von der Vorstellung bestimmt, dass es etwas dem gewöhnlichen Leben gegenüber Fremdes – Exzentrisches oder Abweichendes – sei. Diese Vorstellung liegt auch der nichtsdestoweniger luziden Abhandlung zugrunde, die Simmel dem Gegenstand gewidmet hat. Schon auf der ersten Seite heißt es, »die Form des Abenteuers, im allergemeinsten« sei, »daß es aus dem Zusammenhange des Lebens herausfällt« (Simmel, S. 11). Insofern gleiche es dem Traum, der sich außerhalb des sinnvollen Zusammenhangs stelle, der das »Lebensganze« bestimmt (ebd., S. 12). Allerdings entgeht Simmel nicht, dass das Abenteuer, wenn es auch außerhalb der sonstigen Kontinuität des Lebens verlaufe, dennoch »von alldem einfach Zufälligen, Fremden unterschieden« sei, da es das Leben nicht bloß oberflächlich streife, sondern »mit [dessen] Zentrum irgendwie verbunden« sei (ebd.). Wie das Kunstwerk, das aus den endlosen Reihen des Erlebens ein Stück herausschneidet und ihm eine eigenständige Form gibt, wird das Abenteuer, obgleich es nur ein Teil des individuellen Daseins ist, »dennoch als ein Ganzes, als eine geschlossene Einheit empfunden« (ebd., S. 13). Bestimmend für den Begriff des Abenteuers ist also, dass ein Isoliertes und Zufälliges Notwendigkeit und Sinn enthält, dass »es, in all seiner Zufälligkeit, all seiner Exterritorialität gegenüber dem Lebenskontinuum, doch mit dem Wesen und der Bestimmung seines Trägers in einem weitesten, die rationaleren Lebensreihen übergreifenden Sinne und in einer geheimnisvollen Notwendigkeit zusammenhängt« (ebd., S. 14).

Simmel scheint sich hier der Unzulänglichkeit des modernen Abenteuerverständnisses, das es außerhalb des gewöhnlichen Lebenszusammenhangs verortet, bewusst zu werden. Auch wenn er als Beispiele für den Abenteurer nur Casanova und den Spieler nennt, kommt er mit dem Eingeständnis, dass »das Leben als ganzes wie ein Abenteuer empfunden werden« könne (ebd., S. 16), der mittelalterlichen Erfahrung doch recht nah. »Es ist dazu weder nötig, ein Abenteurer zu sein, noch viele einzelne Abenteuer durchzumachen. Wer diese einzigartige Attitüde zum Leben hat, muß über dessen Ganzem eine höhere Einheit, gleichsam ein Über-Leben fühlen, das sich zu jenem verhält wie die unmittelbare Lebenstotalität selbst zu den einzelnen Erlebnissen, die uns die empirischen Abenteuer sind« (ebd.).

Simmel gelingt es nicht, diese Ambivalenz des Abenteuers – lediglich ein Teil des Daseins zu sein und ihm dennoch eine höhere Einheit zu verleihen – aufzulösen. Deshalb muss ihm das Abenteuer als wesentlich widersprüchlich erscheinen: Es trägt sowohl das Merkmal der Aktivität als auch der Passivität, der Sicherheit als auch der Unsicherheit, einerseits nehmen wir mit ihm die Welt entschlossen und gewaltsam in Besitz, andererseits liefert es uns ihr schutz- und reserveloser aus, als wir es im gewöhnlichen Leben sind. »Die Einheit, zu der wir in jedem Augenblick unsere Aktivität und unsere Passivität der Welt gegenüber zusammenleben, ja, die in einem gewissen Sinne das Leben ist, treibt ihre Elemente und sich eben damit zu so äußerster Zuspitzung – als wären diese nur die beiden Aspekte eines und desselben, geheimnisvoll ungetrennten Lebens« (ebd., S. 17 f.).

Das gilt auch für den von Simmel behaupteten konstitutiven Zusammenhang von Abenteuer und Liebe. Wie eng diese Verbindung sei, könne man an unserem Sprachgebrauch ablesen, der »das Abenteuer schlechthin kaum anders denn als ein erotisches verstehen läßt« (ebd., S. 20). Denn die dem Abenteuer eignende Ambivalenz, finde sich auch in der Liebe: Sie vereinigt in sich »die erobernde Kraft und die unerzwingbare Gewährung, den Gewinn aus dem eigenen Können und das Angewiesensein auf das Glück, mit dem ein Unberechenbares außerhalb unser uns begnadet« (ebd.). Eroberung und Gnade, die beiden Pole des erotischen Erlebnisses, die für die Frau dicht beieinander liegen, spannen sich für den Mann entschiedener auseinander, weshalb ihr unvermuteter Zusammenschlag in der Liebe letzterem jene Abenteuerlichkeit verleiht, die Simmel zufolge spezifisch männlich ist. Der Zusammenhang zwischen Liebe und Abenteuer reicht jedoch noch tiefer. Wie das Abenteuer den einheitlichen Lebensstrom transzendiert und zugleich »mit den geheimsten Instinkten und mit einer letzten Absicht des Lebens überhaupt« (ebd., S. 21) zusammenhängt, lebt auch das Liebeserlebnis in einer ebensolchen Verwebung eines bloß tangentialen, zeitlich begrenzten und eines dennoch zentralen Charakters menschlichen Daseins. »Es mag unserem Leben bloß momentanen Glanz geben, den ein außen vorüberhuschendes Licht in einen Innenraum wirft; dennoch wird damit ein Bedürfnis erfüllt [...], das – mag man es als physisches oder als seelisches oder als metaphysisches ansprechen – in dem Fundamente oder Zentrum unseres Wesens gleichsam zeitlos besteht« (ebd., S. 21 f.). Die Beziehung auf dieses Lebenszentrum verleiht dem Abenteuer seinen Totalitätsanspruch und macht es zugleich zu »einer Form, die durch ihre zeitliche Symbolik wie für die Aufnahme des erotischen Inhalts vorbestimmt scheint« (ebd., S. 22).

Wenn Simmel am Ende seines Essays die Menschen als »Abenteurer der Erde« (ebd., S. 28) bezeichnet, dann deshalb, weil er zu ahnen scheint, dass im Abenteuer das Leben über seine Inhalte und Episoden hinausgeht. Nichtsdestotrotz sieht er in ihm bis zuletzt »das Rubato des Lebensprozesses«, der das Dasein bestimmt. Dass Simmel in seine Überlegungen zum Abenteuer die Ritterdichtung, in der es in den europäischen Literaturen erstmals auftrat, nicht einbezogen hat, ist gewiss kein Zufall. Denn in ihr gingen das Abenteuer und das Leben des Individuums, dem es widerfährt, völlig ineinander auf: nicht nur, weil es seine gesamte Existenz betrifft und verändert, sondern auch und vor allem, weil es das Subjekt selbst verwandelt und als neues Geschöpf wieder hervorbringt (das herkömmlicherweise »Ritter« genannt wird, jedoch nichts mit der sozialen Figur gleichen Namens gemein hat). Und wenn Eros und Abenteuer so oft miteinander verflochten sind, dann nicht etwa deshalb, weil die Liebe dem Abenteuer Sinn und Legitimität verliehe, sondern weil umgekehrt nur ein Leben, das in Form eines Abenteuers verläuft, hoffen darf, die Liebe zu finden.

Oskar Becker, einem der ersten Schüler Heideggers, verdanken wir den Entwurf einer philosophischen Theorie des Abenteuers. Im Denken des Lehrers ist die menschliche Existenz durch ihr Seinkönnen definiert; doch die sich so erschließenden Möglichkeiten sind keine leeren, sondern immer in eine bestimmte Befindlichkeit »geworfene«. Die Gestimmtheit, in der sich das Dasein der Welt öffnet, enthüllt es je schon als dem Seienden überantwortet, »das es existierend zu sein hat« (Heidegger 1, S. 134), also in seiner Geworfenheit in eine ebenso unentrinnbare wie undurchschaubare Befindlichkeit. Deshalb bleibt es nicht aus, dass der Existenz – dem »Dasein« – zuweilen »Lastcharakter« eignet.

Diesem Pathos der »Geworfenheit« stellt Becker die Leichtigkeit der »Getragenheit« entgegen, die die »Abenteuerlichkeit« der künstlerischen Daseinsweise bestimmt. Seinem Wortlaut nach vermittelt der Ausdruck »Getragenheit« den Eindruck, dass auch hier eine Last getragen werden müsse. Man sollte jedoch eher an die eigentümliche schwerelose Bewegtheit der Gestirne in der antiken Auffassung der Himmelssphären denken. Es ist also eine Getragenheit, ohne dass es etwas gäbe, das uns trägt, eine lebendige Erfahrung, die weder aus der Befindlichkeit erwächst, der wir überantwortet sind, noch aus Pflichten, die wir übernehmen müssen, sondern aus dem völligen Fehlen von Lasten und Pflichten.

Abenteuerlich nennt Becker jene – dem Künstler eignende – Existenz, die »zwischen der letzten Unsicherheit des geworfenen Entwurfes und der letzten Sicherheit der Getragenheit, zwischen der äußersten Fragwürdigkeit alles historischen und der absoluten Fraglosigkeit alles naturhaften Seins« existiert (Becker, S. 36). Es geht um »die Frage, welches die Existenz des ästhetischen Menschen sei« (S. 27), darum, den »fruchtbaren (und vielleicht auch furchtbaren) Augenblick« (S. 39) zu beschreiben, den der Künstler erlebt, wenn er das Werk vollendet. Er hat es nicht geschaffen, weil er sich dazu entschlossen hat, sondern weil es sich ihm gab: »Getragen« erlebt er die Vollendung seines Werks. »Die Treffsicherheit seines Genies hat«, wie Becker schreibt, »etwas Nachtwandlerisches an sich, trotzdem ist gerade das Genie wach und von letzter Klarheit durchleuchtet; aber eben nicht schlechthin wach und nüchtern, sondern von der göttlichen *mania* hingerissen« (ebd.).

Bezeichnenderweise ist es der Künstler, der anstelle des Ritters ins Zentrum des Abenteuers rückt. Tatsächlich ist der existenzielle Zustand der Getragenheit dem Muster der ästhetischen Erfahrung so getreu nachgebildet, dass man sich des Eindrucks nicht erwehren kann, Becker gehe es eigentlich um die Ästhetisierung der Existenz, zu deren Inbegriff die deutschen Romantiker wurden. Insofern überrascht es nicht, dass zur Definition der Abenteuerlichkeit des Künstlers der den Romantikern so teure Begriff der Ironie herangezogen wird. »Der Künstler, in der Vollendung seines Werks begriffen, ist also augenblicklich und ewig; er ist dies beides zugleich und weiß, daß er dies Unvereinbare zugleich ist; er weiß damit, daß er wesenlos, daß er reines Phänomen ist: metaphysischer Abenteuerer und ent-deckt als solcher; sein Sein ist Schein und Wahrheit zugleich: es ist Ironie« (ebd., S. 39 f.).

Nichts liegt dem Abenteuer des mittelalterlichen Ritters ferner, der weder weiß, was Ironie ist, noch auf die Idee käme, das Abenteuer als Ästhetisierung der Existenz zu verstehen.

Es ist kein Zufall, dass Becker die dem Dämon gewidmete Strophe aus Goethes *Urworten* zitiert, um »die Stimmung der ewig-gegenwärtigen Getragenheit« (ebd., S. 37) zu veranschaulichen. Benjamins Rat, Leben und Werk nicht zu vermengen, in den Wind schlagend, wird wieder einmal versucht, das Kunstwerk und das Leben seines Urhebers auf plumpeste Weise zur Deckung zu bringen.

Ein stillschweigender, darum aber nicht weniger entschiedener Vorbehalt gegenüber dem Abenteuer ist im ausgehenden Mittelalter angemeldet worden. Implizit ergibt sich das aus dem merkwürdigen Umstand, dass Dante – abgesehen von einer Belegstelle in der *Vita nuova* (XIV, 10) und einer im *Convivio* (II, XI, 8) als Bestandteil des Adverbs »per aventura« – das Wort niemals verwendet hat, obgleich es dem allgemeinen Sprachgebrauch seiner Zeit nicht fremd war und mit negativem Präfix als »disaventura« in der Dichtung seines »ersten Freunds« Guido Cavalcanti sogar zum Terminus technicus der Liebeserfahrung avancierte (*La forte e nova mia disaventura* – XXXIV, 1; *Io temo che la mia disaventura* – XXXIII, 1; aber auch: *Quanto aventurosa / fue la mia disïanza* – I, 21 f.).

Dass das Wort, das in der den *poeti d'amore* bestens vertrauten Tradition der Ritterdichtung von zentraler Bedeutung war, in den mehr als fünfzehntausend Versen der *Commedia* nicht vorkommt, verdankt sich wohl einer bewussten Absicht. Nicht nur das Liebeserlebnis, sondern das irdische Leben des Menschen als solches, seine wechselvolle Lebensgeschichte, die ihn durch Sünde und Verirrung zur Erlösung führt, versteht Dante nicht als »Abenteuer«.

In *De vulgari eloquentia* verwendet er im Zusammenhang mit den in der Langue d'Oïl verfassten Ritterstoffen ein dem Abenteuer in gewisser Weise verwandtes Wort, wenn er von *Arturi regis ambages pulcerrime*, »König Artus' wunderschönen Irrfahrten« (*De vul. el.* I, X, 2), spricht. *Ambages* – das wörtlich (*ambago*) eine gewundene Bewegung, ein Sich-im-Kreis-

Drehen bezeichnet – ist ein vergilsches Wort, das in der *Aeneis* eine entschieden negative Bedeutung hat (*longa est iniuria, longae / ambages* – *Aen.* I, 341–42; *horrendas canit ambages* – VI, 99; *dolos tecti ambagesque* – VI, 29 – in Bezug auf das Labyrinth des Dädalus). In ebenfalls negativer Bedeutung findet es sich in *Paradiso* XVII, 31–33: »Né per ambage, in che la gente folle / già s'inviscava pria che fosse anciso / l'Agnel di Dio« (»Und nicht mit Umschweifen, wie die törichten Völker sich drin verstrickten, ehe das Lamm Gottes getötet war«). In *De vulgari* jedoch werden die Umschweife, die verschlungenen Irrfahrten König Artus' und seiner Ritter als »wunderschön« bezeichnet. Wenn Dante später das Wort »Abenteuer« meidet, spricht daraus nicht nur ein poetisches Urteil, sondern eine Idee des menschlichen Lebens mit all ihren philosophischen und theologischen Implikationen.

Im Schreiben an Cangrande kommt Dante auch auf den Gegenstand seines Gedichts zu sprechen: »Gegenstand ist der Mensch, je nachdem er vermöge seines freien Willens durch Verdienst oder Unverdienst der belohnenden oder strafenden Gerechtigkeit unterworfen ist« (*Ep.* XIII, 24). Kurz darauf setzt er verdeutlichend hinzu, dass das Gedicht der philosophischen Gattung der Ethik zuzuordnen sei (*morale negotium sive ethica* – ebd., 40). Es ist diese Auffassung des menschlichen Schicksals, die Dante dazu bestimmt hat, sich von den »wunderschönen Irrfahrten« der Artusritter abzuwenden und das Abenteuer zu verdammen. Das wechselhafte Schicksal des Menschen, das sich dem Dichter »auf halbem Weg unsres Lebens« offenbart, ist kein Abenteuer, bewegt sich nicht wie eine wunderschöne, jedoch verschlungene und unabschließbare Irrfahrt im Kreis, die als solche zwangsläufig jenseits der Ethik und des theologisch-juridischen Paradigmas von Strafe und Belohnung, Verdammnis und Heil angesiedelt ist. Es verläuft in gerader Linie von der Sünde zur Erlösung, ohne den Ungewissheiten und Zufällen, den Abschweifungen und Ausflüchten des ritterlichen Abenteuers auch nur das geringste Zugeständnis zu machen.

Selbst das Liebeserlebnis ist spätestens seit der *Vita nuova* der Sphäre des Abenteuers entrissen. Gewiss ist auch Beatrice, wie *frau Âventiure*, ein Ununterschiedenes von Gedichtetem und Erlebtem, von Erzählung und Begebenheit, von Sprache und Wirklichkeit: Jedoch ist sie nicht bloß die Protagonistin oder das Ziel eines erstaunlichen oder anrüchigen Abenteuers, die niemals ganz aus den Seiten hervortreten, die von ihnen erzählen. Die Liebe ist – das macht vielleicht den Unterschied zwischen Dantes und Cavalcantis Auffassung aus – weder Abenteuer (*avventura*) noch Missgeschick (*disavventura*), sondern Heilserfahrung, ein Weg, der langsam, aber sicher fortschreitet von der Unwissenheit zum Bewusstsein, von der Verirrung zur Erlösung, vom Wort zu einem Ort jenseits des Worts. Dass Lanzelots Name im Zusammenhang mit der Sünde Paolos und Francescas erwähnt wird, zeigt, dass die Liebe, wenn sie sich aus dem Bereich des Abenteuers und des Buches (*quando leggemmo* … [»als wir lasen …«]) nicht zu befreien versteht, zwangsläufig in die Irre geht.

Auch der Titel des Gedichts wird im Schreiben an Cangrande erklärt: Während die Tragödie bewunderungswürdig (*admirabilis*) und ruhig beginnt, jedoch schrecklich endet, fängt die Komödie mit »etwas Rauhem« an und endet glücklich. Das menschliche Leben ist kein Abenteuer, sondern – in diesem speziellen Sinn des Wortes – eine Komödie.

4. Ereignis

Das Ereignis ist nicht, was eintritt.

Gilles Deleuze

Im Jahr 1952 veröffentlicht Carlo Diano im *Giornale critico della filosofia italiana* seine theoretisch vielleicht ambitionierteste Arbeit, den Aufsatz »Forma ed evento«. Einander gegenübergestellt werden die Form, Platons und Aristoteles' in sich selbst vollendetes, außerhalb jeden Zusammenhangs unveränderbares *eidos* und das nicht anders als in Zusammenhängen denkbare, sich jeder Substanzialisierung entziehende Ereignis, aus dem die Stoiker einen zentralen Begriff ihres Denkens machen sollten. Uns interessiert jedoch nicht die Verschaltung der beiden gegensätzlichen Kategorien, mittels derer Diano die griechische Welt zu deuten versucht, als vielmehr seine Definition des Ereignisses, das er auf *tyche* zurückführt. Das Wort *tyche* leite sich, wie er ausführt, vom Verb *tygchano*, »vorfallen«, ab, sei vom Aoriststamm gebildet und bezeichne folglich das augenblickliche, unbestimmte Geschehnis – bilde also das

Antonym zu *moira* und *heimarmene*, die, vom Perfektstamm gebildet, die Notwendigkeit und die Unveränderlichkeit dessen, was gewesen ist, anzeigen. Insofern ist *tyche* »eine Hypostasierung des Ereignisses« (Diano, S. 20), jedoch nicht des Ereignisses in seiner gleichgültigen Zufälligkeit, sondern des Ereignisses als etwas, das jemandem widerfährt. »Ereignis ist deshalb nicht *quicquid evenit*, sondern *id quod cuique evenit* [...]. Der Unterschied ist wesentlich. Dass es regnet, ist etwas, das geschieht, doch das macht es noch nicht zu einem Ereignis: Damit es zum Ereignis wird, muss ich dieses Geschehen als ein mir geltendes Geschehen empfinden« (ebd., S. 72).

Es fällt nicht schwer, hierin das Charakteristikum des Abenteuers wiederzuerkennen, das den Ritter, der es erlebt, immer und unmittelbar involviert. Als *e-ventus* widerfährt es plötzlich, ohne dass man wüsste, woher, als *ad-ventus* widerfährt es immer jemandem bestimmten an einem bestimmten Ort. Diano zufolge »ist das Ereignis immer *hic et nunc*. Ein Ereignis gibt es nur an dem Ort, an dem ich mich befinde, und in dem Augenblick, in dem ich es wahrnehme« (ebd., S. 74). Als widerfahrendes verlangt das Abenteuer ein »wem«, dem es widerfährt. Das bedeutet jedoch nicht, dass das Ereignis – das Abenteuer – vom Subjekt bedingt ist: »Es sind nicht *hic et nunc*, die das Ereignis verorten und verzeitlichen, sondern es ist das Ereignis, das das *nunc* verzeitlicht und das *hic* verortet« (ebd.). Das »wem« ist kein präexistierendes Subjekt – eher könnte man sagen, dass sich das Abenteuer subjektiviert, denn eine seiner Grundbedingungen ist es, jemandem an einem bestimmten Ort zu widerfahren.

Es war Émile Benveniste, der gezeigt hat, dass das *qui* und das *ora* – wie die Pronomen *ich* und *du* –, anders als Wörter, die auf eine lexikalische Realität verweisen, Indikatoren der Äußerung sind, das heißt, Bedeutung nur im Zusammenhang mit der Instanz der Rede haben, die sie enthält, letzten Endes also mit dem Sprecher, der sie äußert. Wie »ich« – das Subjekt – niemand anderes ist als derjenige, der in der gegenwärtigen Instanz der Rede »ich« sagt, so sind »hier« und »jetzt« nicht objektiv identifizierbar, sondern begrenzen die der Instanz der Rede, die »ich« enthält, gleichumfassende und gleichzeitige räumliche und zeitliche Instanz.

Das erklärt, warum das Ereignis immer auch ein Sprechereignis ist und das Abenteuer nicht von der Rede getrennt werden kann, die es sagt. Das Sein, das sich hier und jetzt ereignet, widerfährt einem »ich« und ist deshalb nicht ohne Beziehung zur Sprache: Es wird sogar durch den jeweiligen Bezug auf eine Instanz der Äußerung bestimmt, ist immer ein Sagbares, das als solches gesagt zu werden verlangt. Wer in das Abenteuer-Ereignis verwickelt wird, wird es als sprechendes Wesen, und kommt, gemäß der unverjährbaren Forderung der Tafelrunde, nicht umhin, sein Abenteuer zu erzählen. Das Abenteuer, das ihn ins Wort gerufen hat, wird vom Wort desjenigen gesagt, den es gerufen hat und der vor ihm nicht existiert.

In seiner genialen Broschüre *La Théorie des incorporels dans l'ancien Stoïcisme* lenkte Émile Bréhier bereits 1908 die Aufmerksamkeit auf die Unkörperlichkeit der Ereignisse und ihren Zusammenhang mit dem in den Augen der Stoiker Unkörperlichen schlechthin: dem *lekton*, dem »Sagbaren« (oder, wie Bréhier lieber sagt: dem Ausdrückbaren). Das Sagbare ist weder etwas bloß Sprachliches noch etwas bloß Wirkliches: Laut einer antiken Quelle ist es ein zwischen die Gedanken und die Sache, zwischen das Wort und die Welt tretendes Medium: nicht die vom Wort geschiedene Sache, sondern die Sache als gesagte und benannte; nicht das Wort als autonomes Zeichen, sondern das im Vorgang der Benennung und Mitteilung der Sache begriffene Wort. Oder, wie man auch sagen könnte, die Sache in ihrer reinen Sagbarkeit, in ihrem Zur-

Sprache-Kommen. Gilles Deleuze, der 1969 in *Logik des Sinns* Bréhiers Ideen aufgreift, schreibt, dass »das Ereignis nicht ist, was eintritt (Unfall), es ist in dem, was eintritt, das reine Ausgedrückte, das uns Zeichen gibt und auf uns wartet« (Deleuze, S. 187). Insofern ist es etwas, das jenseits von Resignation und Ressentiment von dem, dem es widerfährt, gewollt und geliebt werden muss, weil er in dem, was ihm widerfährt, vor allem das Abenteuer sieht, das ihn involviert und das er erkennen muss, um auf seiner Höhe zu sein.

Bleibt zu erwähnen, dass es bei der Zustimmung des Einzelnen zum Abenteuer, das ihm widerfährt, nicht um die freie Wahl des Subjekts, nicht um das Problem der Freiheit geht. Das Ereignis wollen bedeutet nichts weiter, als es als Eigenes wahrzunehmen, sich ihm auszusetzen, sich in ihm ganz aufs Spiel zu setzen, ohne dass es so etwas wie einer Entscheidung bedürfte. Nur so wird das Ereignis, das als solches nicht von uns abhängt, zum Abenteuer, wird unseres – oder, wie man besser sagen sollte, wir werden seines.

Vor diesem Hintergrund muss Nietzsches Lehre des *amor fati* revidiert werden. Schicksal und Abenteuer, Ananke und Tyche fallen nicht zusammen. Ja sagen zum »schrecklichsten Gedanken«, wollen, dass das Ereignis ewig wiederkehrt, ist das gerade Gegenteil eines Abenteuers. Und zwar nicht, weil, wie die chevalereske Literatur eindeutig widerlegt, das Abenteuer nicht repetitiv sein könnte, sondern weil in ihm sowohl die Notwendigkeit seitens des Gegenstands (das Ereignis an sich ist vollkommen kontingent) fehlt als auch seitens des Subjekts die höchste Bejahung des Willens, der, in seinem Wollen der ewigen Wiederkehr, vor allem sich selbst will. Gewiss liebt, bangt und gerät in Erregung, wer sich dem Ereignis aussetzt, doch kommt er nicht umhin, sich in ihm, mag er sich am Ende auch wiederfinden, leichtfertig und rückhaltlos zu verlieren.

Aspekte der uns interessierenden Bedeutung des Abenteuers weist auch die stoische Lehrmeinung auf, der zufolge man das Ereignis bereitwillig annehmen, gleichsam wollen müsse. »Aus zwei Gründen«, schreibt Marc Aurel, »musst du mit dem zufrieden sein, was dir geschieht: Erstens, weil es für dich geschah und dir verordnet wurde und auf dich bezogen ist, mit deinem Schicksal verflochten von den ältesten Ursachen an. Zweitens, weil das, was jeden einzelnen ganz individuell betrifft, zum gedeihlichen Zustand, zur Vollkommenheit und, beim Zeus, auch zum Fortbestehen jener Macht beiträgt, die im Weltganzen waltet. Denn verstümmelt würde das Weltganze, wenn man aus dem Zusammenhang und aus der Kette der Ursachen auch nur ein einziges Teil herausbräche. Du zerbrichst aber diesen Zusammenhang, soweit es an dir liegt, wenn du unzufrieden bist und in gewisser Weise zerstörst du es auch« (V, 8, 13).

Das Ereignis zu wollen, heißt, ihm weder entgegenzuwirken noch es zu verhindern, wodurch man, es geschehen lassend, zu seiner Verursachung beiträgt. Streng genommen handelt es sich um eine Form der Gelassenheit, die darum weiß, dass die an sich vollkommenen Ereignisse letzten Endes indifferent sind: Was zählt, ist der Gebrauch, den der für sie offene Einzelne von ihnen macht. Die Ereignisse sind also vom Subjekt getrennt, die dem Abenteuer wesentliche Einheit von Ereignis und demjenigen, dem es widerfährt, ist zerbrochen. Denn nur im Abenteuer, in das er sich ganz und in größter Verwirrung stürzt, erfährt Perceval seinen Namen und erkennt sich selbst; erst wenn er es wagt, sich entgegen dem Rat seines Fährmanns im Zauberschloss ins Wunderbett zu legen, vollendet sich Gauvains Geschichte und erfüllt sich sein Schicksal.

Seit der zweiten Hälfte der Dreißigerjahre des 20. Jahrhunderts kreist Heideggers Denken in zunehmendem Maße um ein Wort, in dem die unterschiedlichen Linien seines Denkens zusammenzulaufen scheinen: *Ereignis. Bei dem Wort, das Heidegger glaubt, auf das Verb »eignen« und das Adjektiv »eigen« zurückführen zu können, geht es – wie bei Hegels Absolutem – um nichts Geringeres als das Ende der Seinsgeschichte, das heißt der Metaphysik. Während die Metaphysik – wie es in *Zur Sache des Denkens* heißt – die Geschichte der epochalen Schickungen des Seins ist, das in ihnen verborgen bleibt, sodass nur das Seiende erscheint, ist für das Denken, »das in das Ereignis einkehrt, [...] die Seinsgeschichte zu Ende« (Heidegger 2, S. 44). Was sich also im Ereignis ereignet, ist das Sein jenseits der ontologischen Differenz von Sein und Seiendem und vor seinen epochalen Schickungen. Es geht darum, das »Es« in »Es gibt Sein« zu denken.

Entscheidend ist jedoch, dass das, was im Ereignis auf dem Spiel steht, nicht einfach das Sein ist, sondern die Zusammengehörigkeit und gegenseitige Aneignung von Mensch und Sein. Denn in das Ereignis einkehren, bedeutet – wie man in *Identität und Differenz* lesen kann – »dieses Eignen, worin Mensch und Sein ein-

* im Original deutsch

ander ge-eignet sind, schlicht zu erfahren« (Heidegger 3, S. 28). Das Ereignis ist zunächst das Ereignis der Zusammenkunft von Mensch und Sein (»Das Ereignis vereignet Mensch und Sein in ihr wesenhaftes Zusammen« – ebd., S. 31).

Dass weder der Mensch dem Sein noch das Sein dem Menschen vorausgeht, bedeutet, dass es im Ereignis um das Ereignis der Ereignisse geht, nämlich um die Menschwerdung des Menschen. Das Lebewesen wird in dem Moment und dem Maße menschlich – wird *Dasein* –, in dem ihm Sein widerfährt: Das Ereignis ist zugleich anthropo- und ontogenetisch, es entsteht mit dem Sprechend-Werden des Menschen und dem Sich-zu-Tragen des Seins zum Wort und des Worts zum Sein. Heidegger schließt daraus auf die Gleichwesentlichkeit von Sprache und Ereignis: »Insofern unser Wesen in die Sprache vereignet ist, wohnen wir im Ereignis« (ebd., S. 30).

Gut möglich, dass das Abenteuer, das wir zu definieren versucht haben, mehr als eine Ähnlichkeit mit dem *Ereignis aufweist. Nicht nur sind Ereignis und Wort im Abenteuer zusammen gegeben, sondern es bedarf – wie wir gesehen haben – immer auch eines Subjekts, dem es widerfährt und das von ihm spricht. Dieses Subjekt geht dem Abenteuer jedoch nicht voraus, als ob es von ihm abhinge, dass es geschieht – es ist eher andersherum, so als ob es das Abenteuer selbst wäre, das sich subjektiviert, denn es wird wesentlich dadurch konstituiert, jemandem an einem bestimmten Ort zu widerfahren. Deshalb hat Perceval, bevor er sich auf Abenteuersuche begibt, keinen Namen und weiß erst am Ende, dass er Perceval der Gallier heißt. Wie Mensch und Sein im *Ereignis, sind im Abenteuer Ereignis und Ritter gemeinsam gegeben, als die zwei Seiten ein und derselben Wirklichkeit.

Dass es im Abenteuer um die Menschwerdung des Lebewesens geht, ist im *Bisclavret*, einem der schönsten Lais Marie de Frances, offenkundig. Es erzählt die Geschichte eines Ritters, der jede Woche aufs Neue seine Kleider unter einem Stein versteckt, um sich für drei Tage in einen Werwolf (*bisclavret*) zu verwandeln und im Dickicht des Waldes von Beute und Raub zu leben (*Al plus espès de la gaudine / s'i vif de preie e de ravine – Biscl.* vv. 65 f.). Auch wenn sie ihn liebt, wecken die Abwesenheiten den Argwohn der Gemahlin, die ihm die Wahrheit über sein geheimes Leben entlockt und ihn überredet, ihr den Ort zu verraten, an dem er seine Kleider versteckt, obgleich er genau weiß, dass er für immer ein Wolf bliebe, wenn sie ihm abhanden kämen oder er überrascht würde, während er sich aus- oder ankleidet. Sich eines Komplizen bedienend, der ihr Liebhaber werden wird, entwendet die Frau die Kleider aus dem Versteck und der Ritter muss Werwolf bleiben bis zu dem Tag, an dem er, Dank der Begegnung mit dem Herrscher, seine Kleider zurückerhält und sich wieder in einen Menschen verwandelt.

Wolfwerdung des Menschen und Menschwerdung des Wolfs werden im Lai explizit als »Abenteuer« bezeichnet: *s'aventure li cunta* (ebd., v. 61) heißt es vom Geständnis des Gemahls und es ist eben dieses »Abenteuer«, das die Frau zum Verrat treibt (*de l'aventure s'esfrea* – ebd., v. 99). Der Grad an Diskretion, den das Aus- und Wiederankleiden verlangen, die von keiner Menschenseele bemerkt werden dürfen, ist deshalb so hoch, weil der Gegenstand des Lais die Schwelle ist, durch deren Überschreitung das Tier Mensch und der Mensch wieder Tier wird. Das Überschreiten dieser Schwelle ist das Abenteuer des Abenteuers.

Insofern ist *avventura* (»Abenteuer«) die korrekteste Übersetzung von *Ereignis. Mithin ist es ein genuin ontologischer Begriff, der das Sein als sich ereignendes – das heißt in seinem sich dem Menschen und der Sprache Kundtun – und die Sprache als das Sein sagende und offenbarende bezeichnet. Deshalb ist es unmöglich, in der Ritterdichtung zwischen dem Abenteuer-

Ereignis und der Abenteuer-Erzählung zu unterscheiden; weshalb der Ritter, wenn er auf das Abenteuer trifft, vor allem sich selbst, sein tiefstes Wesen findet. Und wenn das Ereignis, um das es im Abenteuer geht, nichts anderes ist als die Anthropogenese, also der Moment, in dem das Lebewesen, in einer Transformation, deren Funktionsweise im Dunkeln bleibt, sein Leben und seine Sprache voneinander trennt – um sie wieder neu zusammenzusetzen –, bedeutet das, dass es sich Mensch werdend in ein Abenteuer geworfen hat, dass noch lange nicht beendet und dessen Ausgang noch nicht abzusehen ist.

Karl Rosenkranz verdanken wir die scharfsinnige Bemerkung, dass der Gral, da er »eine Art Symbol« sei, weshalb er »an sich keine, sondern nur außer sich in der Beziehung selbstbewußter Wesen auf ihn eine Geschichte haben kann, er so eben Motiv für das Handeln derselben wird« (Rosenkranz, S. 57). In Chrétiens *Perceval* hat der Gral nichts Heiliges, er ist eine Schüssel aus Edelmetall, die ein Edelfräulein in Händen hält. Großes Interesse ruft er beim Helden nicht hervor. Er erinnert an jene geheimnisvollen Gegenstände, die, wie der Malteserfalke in John Hustons gleichnamigem Film, so große Begehrlichkeiten wecken, dass die Menschen zu töten bereit sind und ihr Leben aufs Spiel setzen, um in ihren Besitz zu kommen, sich am Ende jedoch als vollkommen wert- und bedeutungslos erweisen. Erst später werden Theologen und Dichter ihm eine religiöse Bedeutung verleihen und behaupten, dass es sich um den Abendmahlskelch handele, in dem Josef von Arimathäa das Blut sammelte, das dem Gekreuzigten aus der Wunde in seiner Seite floss.

Insofern ist der Gral eine perfekte Chiffre des Abenteuers. Das anthropogenetische Ereignis hat an sich keine Geschichte und bleibt deshalb begreiflich: Dennoch stürzt es die Menschen in ein Abenteuer, das sich zu ereignen nicht aufhört.

5. Elpis

Es gibt Hoffnung, nur nicht für uns.

Franz Kafka

Jeder ist in ein Abenteuer verwickelt, jeder muss sich also mit Daimon, Eros, Ananke und Elpis auseinandersetzen. Sie sind die verschiedenen Gesichter – oder Masken –, die ihm das Abenteuer – *tyche* – jeweils zeigt. Offenbart sich ihm das Abenteuer als Dämon, erscheint ihm das Leben wundervoll, als ob ihn eine fremde Macht in jeder Lage und bei jeder Begegnung trüge und leitete. Jedoch schon bald weicht das Erstaunen der Ernüchterung, das Dämonische entpuppt sich als Routine, die Macht, die das Leben trug – Ariel, der Genius, die Muse –, trübt und verbirgt sich wie ein Blender, der nicht hält, was er verspricht.

Denn seinem Dämon treu zu bleiben, heißt nicht, sich ihm blind zu ergeben, weil man darauf vertraut, dass er einen unweigerlich zum Erfolg führen werde – wenn man Dichter ist, dass er einen die schönsten Gedichte schreiben lässt; wenn man sinnlicher Mensch ist, dass er einem glückseligen Genuss verschafft. Dichtung und Glückseligkeit zählen nicht zu seinen Gaben: Vielmehr ist er das höchste Geschenk, das Glückseligkeit und Dichtung uns machen, wenn sie uns neues Leben einhauchen, unsere Wiedergeburt vorantreiben. Wie die *Daena* der altiranischen Mystik, der wir zwar erst nach dem Tod begegnen, die wir jedoch mit unseren guten oder schlechten Taten selbst geformt haben, ist der Dämon das neue Geschöpf, mit dem unsere Werke und unsere Lebensform das im Personenstandsregister verzeichnete Individuum, das wir zu sein glaubten, ersetzen – er ist der anonyme Autor, der Genius, dem wir neidlos und ohne die geringste Eifersucht alles zuschreiben können. Und »Genius« heißt er nicht, weil er, wie die Alten sagten, uns gezeugt hat, sondern weil er, indem er unsere Wiedergeburt ermöglicht, das Band, das uns an unsere Geburt fesselte, durchtrennt hat. Dem Dämon wohnt also immer ein Moment des Abschieds inne – begegnen wir ihm, ist es Zeit, uns von uns selbst zu trennen, von uns Abschied zu nehmen.

Der Dämon sei, wie es heißt, nicht Gott, sondern Halbgott. Aber Halbgott zu sein, kann nur eins bedeuten: Potenz, Möglichkeit, nicht Wirklichkeit des Göttlichen zu sein. Weil es aber das Schwerste ist, mit einer Potenz eine Beziehung zu unterhalten, ist der Dämon etwas, das unentwegt verloren zu gehen droht, etwas, dem man um jeden Preis die Treue halten muss. Dichterisch ist das Leben, das in jedem Abenteuer an seiner Beziehung nicht zum Akt, sondern zur Potenz, nicht zu Gott, sondern zu einem Halbgott unbeirrt festhält.

Der Name der regenerierenden Macht, die jenseits unserer selbst dem Dämon Leben einhaucht, lautet Eros. Gewiss bedeutet lieben »Getragenheit«, sich dem Abenteuer, dem Ereignis so rückhalt- wie bedenkenlos hinzugeben; und dennoch wissen wir bereits in dem Augenblick, in dem wir uns der Liebe hingeben, dass etwas in uns zurückbleibt, wir nicht alles geben. Eros ist die im Abenteuer wirksame Potenz, die es prinzipiell überschreitet, so wie sie auch denjenigen überschreitet und übersteigt, dem es widerfährt. Die Liebe ist stärker als das Abenteuer – und vielleicht war es diese Gewissheit, die es Dante erlaubte, den Zauberkreis der Ritterdichtung zu verlassen; dies aber ist der Grund, weshalb wir in der Liebe immer wieder die Erfahrung unserer Liebesunfähigkeit machen, das Abenteuer und die Ereignisse hinter uns zu lassen – und dennoch ist eben diese Unfähigkeit der Antrieb, der uns zur Liebe drängt. Als ob die Liebe umso brennender und sehnsuchtsvoller ist, je deutlicher sich in ihr unsere Liebesunfähigkeit offenbart.

Mittels der sinnlichen Befriedigung, »dem kleinen Mysterium des Todes« (wie die Alten den Schlaf nannten), versuchen die Menschen, ihrer Liebesunfähigkeit Herr zu werden. Denn in ihr scheint die Liebe zu erlöschen, sich von uns zu verabschieden – jedoch nicht, wie bürgerliches Vorurteil zu wissen glaubt, durch Entzauberung und Traurigkeit, sondern weil die Liebenden in der Befriedigung ihr Geheimnis verlieren, einander gestehen, dass sie kein Geheimnis haben. Doch gerade in dieser beiderseitigen Abwendung vom Geheimnis, treten sie – oder der Dämon in ihnen – in ein neues, glücklicheres Leben ein, das weder tierisch noch göttlich noch menschlich ist.

Insofern ist jede Liebe hoffnungslos und dennoch gehört die Hoffnung einzig ihr. Nichts anderes will uns der Pandora-Mythos bedeuten. Wenn die letzte Gabe, die Hoffnung, in der Büchse verschlossen bleibt, dann deshalb, weil sie ihre wirkliche Erfüllung in der Welt gar nicht erwartet. Und zwar nicht, weil sie ihre Erfüllung in ein unsichtbares Jenseits verweist, sondern weil sie in gewisser Weise schon immer erfüllt war. Die Liebe hofft, weil sie imaginiert und imaginiert, weil sie hofft. Was hofft sie? Erfüllt zu werden? Eher nicht, denn sowohl Hoffnung als auch Einbildungskraft zeichnen sich dadurch aus, auf Unerfüllbares gerichtet zu sein. Nicht weil sie nicht wünschten, den von ihnen begehrten Gegenstand zu erlangen, sondern weil das Eingebildete und das Erhoffte als solche ihren Wunsch immer schon erfüllt haben. Dass wir laut den Worten des Apostels »in der Hoffnung gerettet worden sind« (Röm 8,24), ist deshalb zugleich wahr und nicht wahr. Wenn der Gegenstand der Hoffnung das Unerfüllbare ist, können wir nur als Unrettbare – schon Gerettete – auf Rettung hoffen. So wie sie ihre Erfüllung übersteigt, überschreitet die Hoffnung auch das Heil – ja selbst die Liebe.

Der Freund

1. Die Definition der Philosophie ist eng mit dem Begriff der Freundschaft verbunden, so eng, dass ohne ihn Philosophie undenkbar wäre. Die Verbindung von Freundschaft und Philosophie reicht so tief, dass Letztere den *philos*, den Freund, im Namen trägt und, wie bei großer Nähe häufig der Fall, Gefahr läuft, Erstere nicht angemessen zu würdigen. In der antiken Welt war die Untrennbarkeit, wenn nicht gar Wesensgleichheit von Freund und Philosoph selbstverständlich. Behauptet aber ein zeitgenössischer Philosoph, der die letzte Frage (»Was ist Philosophie?«) zu beantworten sucht, dass sie *entre amis* zu behandeln sei, tut er es gewiss in archaisierender Absicht. Denn die Beziehung zwischen der Freundschaft und der Philosophie ist in Misskredit geraten: Wer sich heutzutage zur Philosophie berufen fühlt, versucht – wenn auch peinlich berührt und schlechten Gewissens –, sich dieser zur Last gewordenen heimlichen Liebe des Denkens zu entledigen.

Vor vielen Jahren fassten mein Freund Jean-Luc Nancy und ich den Entschluss, uns brieflich über das Thema der Freundschaft auszutauschen. Wir waren der Überzeugung, dass dies der beste

Weg sei, ein Problem anzugehen, oder besser »in Szene zu setzen«, das sich einer analytischen Behandlung zu entziehen schien. Ich hatte den ersten Brief geschrieben und wartete nicht ohne eine gewisse Bangigkeit auf die Antwort. Hier ist nicht der Ort, den Gründen – vielleicht auch Missverständnissen – nachzugehen, die dazu führten, dass das Eintreffen von Jean-Lucs Brief zugleich das Ende unseres Projekts bedeutete. Es steht jedoch außer Frage, dass unsere Freundschaft, von der wir uns einen privilegierten Zugang zum Problem versprochen hatten, eher hinderlich war und sich in der Folge, wenn auch nur vorübergehend, trübte.

Dasselbe, wie man vermuten darf wohlbedachte Unbehagen wird Jacques Derrida dazu bewogen haben, jenen traditionell Aristoteles zugeschriebenen sibyllinischen Ausspruch zum Leitmotiv seines Buches über die Freundschaft zu machen, der sie im selben Atemzug anruft und bestreitet: *o philoi, oudeis philos*, »O Freunde, es gibt keine Freunde«. Ein Anliegen des Buches war nämlich die Kritik dessen, was der Autor als das unsere philosophische und politische Tradition beherrschende phallozentrische Verständnis der Freundschaft bezeichnet. Während Derridas dem Buch zugrunde liegenden Seminar sprachen wir auch über ein philologisches Problem, das eben jenes Motto oder Witzwort aufwirft. Zitiert wird es unter anderen von Montaigne und Nietzsche, der es von Diogenes Laertius übernommen hatte. Nimmt man jedoch eine moderne Ausgabe der *Leben berühmter Philosophen* zur Hand, findet sich im Kapitel, das Aristoteles gewidmet ist (V, 21), nicht dieser Satz, sondern ein auf den ersten Blick nahezu identischer, jedoch von anderer, weniger rätselhafter Bedeutung: *oi* (Omega mit untergeschriebenem Iota) *philoi*, *oudeis philos*, »wer (viele) Freunde hat, hat keinen Freund«.

Um das Problem zu lösen, bedurfte es lediglich eines Gangs in die Bibliothek. Im Jahr 1616 erschien die Neuausgabe der *Vitae* des großen Genfer Philologen Isaac Casaubon. An der fraglichen Stelle angelangt – die noch in der von seinem Schwiegervater Henri Estienne verantworteten Ausgabe *o philoi* (»O Freunde«) gelautet hatte – ist die rätselhafte Lesart der Handschriften mit größter Selbstverständlichkeit dahin gehend korrigiert, dass sie ohne Weiteres zu verstehen ist und deshalb von allen späteren Herausgebern übernommen wurde.

Das Ergebnis meiner Nachforschungen hatte ich Derrida umgehend mitgeteilt. Als das Buch unter dem Titel *Politiques de l'amitié* erschien, war ich deshalb nicht wenig verwundert, das Problem mit keinem Wort erwähnt zu finden. Wenn das – in den Augen moderner Philologen apokryphe – Motto hier in seiner ursprünglichen Form auftauchte, dann bestimmt nicht aus Vergesslichkeit: Dass die Freundschaft zugleich behauptet und bezweifelt wird, war für die Strategie des Buches unverzichtbar.

Derrida vollzog Nietzsches Geste nach. Dieser hatte, noch als Student der Philologie, eine Arbeit über die Quellen des Diogenes Laertius begonnen; mit der Textgeschichte der *Vitae* (also auch Casaubons Emendation) war er also vertraut. Doch für die Strategie Nietzsche'scher Philosophie ist sowohl die Freundschaft als auch ein gewisses Misstrauen gegenüber den Freunden unverzichtbar. Deshalb griff er auf die traditionelle Lesart zurück, die schon zu seiner Zeit als widerlegt galt (die Huebner-Ausgabe von 1828 gibt die moderne Lesart wieder und merkt an: *legebatur* o philoi, *emendavit Casaubonus*).

2. Zu diesem Unbehagen der modernen Philosophen wird nicht zuletzt der besondere semantische Status des Wortes »Freund« beigetragen haben. Es ist noch niemandem gelungen, eine befriedigende Antwort auf die Frage nach der Bedeutung des Syntagmas »ich liebe dich« zu geben, was dafür spricht, dass es perfomativen Charakters ist, also seine Bedeutung mit dem Akt seiner Äußerung zusammenfällt. Ähnliche Überlegungen ließen sich für die Aussage »ich

bin dein Freund« anstellen, nur dass hier nicht auf die Kategorie des Performativs rekurriert werden kann. Meines Erachtens gehört »Freund« zu jenen Wörtern, die nicht prädikativ verwendbar sind, also zu den Wörtern, mittels derer keine Gegenstandsklassen gebildet werden können, in die jene Entitäten Eingang finden, denen man die jeweilige Zuschreibung beilegt. Fraglos funktionieren Wörter wie »weiß«, »hart« und »heiß« prädikativ; aber kann man in selbem Sinne sagen, dass »Freund« eine konsistente Klasse bezeichnet? So befremdlich es klingen mag, das Wort »Freund« teilt diese Eigenschaft mit einer anderen Sorte nicht-prädikativer Wörter, den Schimpfwörtern. Die Sprachwissenschaft konnte zeigen, dass das Schimpfwort denjenigen, der mit ihm belegt wird, nicht beleidigt, weil es ihn einer bestimmten Kategorie zuordnet (zum Beispiel jener der Exkremente oder, je nach Sprache, der männlichen oder weiblichen Geschlechtsteile), was, wenn nicht unmöglich, so doch in jedem Fall sachlich falsch ist. Seine beleidigende Wirkung entfaltet das Schimpfwort, weil es gerade keine konstative Äußerung ist, sondern wie ein Eigenname funktioniert und auf eine Weise in die Sprache ruft, die der Gerufene sich so wenig gefallen lassen kann, wie er sich ihr zu erwehren vermag (so als würde mich jemand, der genau weiß, dass ich Giorgio heiße, hartnäckig Gaston nennen). Das Beleidigende am Schimpfwort ist also eine reine Spracherfahrung ohne jeden Bezug zur Wirklichkeit.

Wenn dem so ist, teilt das Wort »Freund« diese Eigenschaft nicht nur mit den Beleidigungen, sondern auch mit den philosophischen Begriffen, die bekanntlich keine gegenständliche Bedeutung haben, sondern – wie jene Begriffe, die die Logiker des Mittelalters »Transzendentalien« nannten – das Sein als solches bezeichnen.

3. In der Sammlung der Galleria Nazionale di Arte Antica in Rom befindet sich ein Gemälde Giovanni Serodines, das die Begegnung der Apostel Petrus und Paulus auf dem Weg zum Martyrium darstellt. Inmitten der chaotischen Geschäftigkeit der Soldaten und Schindknechte, die sie zur Hinrichtung führen, verharren die Heiligen unbewegt im Zentrum des Bildes. Für bemerkenswert halten die Kunstrichter vor allem den Kontrast zwischen der heroischen Unbeugsamkeit der Apostel und dem Gewimmel der von hier und da aufs Geratewohl über Arme, Gesichter und Posaunen verteilten Glanzlichtern belebten Menge. Ich für meinen Teil glaube, dass die Einzigartigkeit des Gemäldes in Serodines Darstellung der Apostel besteht, die so nah beieinanderstehen, dass sich ihre Stirnen

fast zu berühren scheinen, sie sich also gar nicht sehen können: Auf dem Weg zum Martyrium blicken sie einander an, ohne sich zu erkennen. Dieser Eindruck einer gleichsam übertriebenen Nähe wird von der stummen Geste der sich im unteren Teil des Gemäldes kaum sichtbar verschlingenden Hände noch verstärkt. Ich habe in diesem Bild immer eine perfekte Allegorie der Freundschaft gesehen. Denn was ist Freundschaft, wenn nicht eine distanzlose Nähe, die bedingt, dass man sich vom anderen weder eine Vorstellung noch einen Begriff machen kann? In jemandem den Freund zu erkennen, bedeutet zugleich, ihn nicht mehr als »etwas« erkennen zu können. Man kann nicht »Freund« sagen, wie man »weiß«, »deutsch« oder »heiß« sagt – Freundschaft ist weder Eigenschaft noch Qualität des Subjekts.

4. Doch es wird Zeit uns einer Aristoteles-Stelle zuzuwenden, die ich etwas eingehender kommentieren möchte. Der Philosoph widmet der Freundschaft eine regelrechte Abhandlung, die das 8. und 9. Buch der *Nikomachischen Ethik* einnimmt. Da es sich um einen der bekanntesten und meistkommentierten Texte in der Geschichte der Philosophie handelt, darf ich dessen Hauptthesen als bekannt voraussetzen: dass man ohne Freunde nicht leben könne, dass es einen Unterschied gebe zwischen der aus Nützlichkeits- oder Vergnügungserwägungen eingegangenen und der wahren Freundschaft, in der der Freund als solcher gemocht wird, dass es unmöglich sei, viele Freunde zu haben, dass Fernfreundschaften in Vergessenheit zu geraten drohen usw. All das ist hinreichend bekannt. Eine Passage der Abhandlung scheint mir jedoch nicht genügend Beachtung gefunden zu haben, obgleich sie so etwas wie das ontologische Fundament der Theorie legt. Die Stelle (1170a 28–1171b 35) lautet wie folgt:

> Der Sehende empfindet (*aisthanetai*), dass er sieht, der Hörende empfindet, dass er hört, der Gehende empfindet, dass er geht, und ebenso sind alle anderen Tätigkeiten von der Empfindung begleitet, dass wir sie ausüben (*oti energoumen*), sodass wir, wenn wir emp-

finden, empfinden, dass wir empfinden, und wenn wir denken, empfinden, dass wir denken, was so viel ist, als zu empfinden, dass wir sind: Denn zu sein (*to einai*) hieß uns ja zu empfinden oder zu denken.

Empfinden, dass man lebt, ist etwas an sich Angenehmes, denn das Leben ist von Natur ein Gut und folglich die Empfindung, es zu besitzen, angenehm.

Zu leben ist, besonders für die Guten, begehrenswert, weil zu existieren für sie ein Gut und etwas Angenehmes ist.

Mit-empfindend (*synaisthanomenoi*) verspüren sie das Angenehme des an sich Guten und was der gute Mensch bezüglich sich selbst verspürt, verspürt er auch bezüglich des Freundes: Denn der Freund ist ein anderes Selbst (*heteros autos*). So wie für jeden die Tatsache zu existieren (*to auton einai*) begehrenswert ist, ebenso ist sie es – oder fast – für den Freund.

Das Dasein ist begehrenswert, weil man empfindet, dass es ein Gut ist, und diese Empfindung (*aisthesis*) ist lustvoll an sich. Daher muss man auch vom Freund mit-empfinden, dass er ist, und das wird geschehen im Zusammenleben und im Teilen (*koinonein*) von Worten und Gedanken. In diesem Sinne sagt man, dass die Menschen zusammenleben (*syzen*), und nicht wie vom Vieh, dass sie dieselbe Weide teilen. [...] Denn die Freundschaft ist eine Gemeinschaft und wie man sich zu sich selbst verhält, so verhält man sich auch zum Freund. Nun ist aber die Empfindung der Existenz (*aisthesis oti estin*) mit Blick auf sich selbst begehrenswert, also auch mit Blick auf den Freund.

5. Die außergewöhnliche Dichte der Stelle ist dem Umstand geschuldet, dass Aristoteles hier Grundsätze der Ersten Philosophie formuliert, wie sie in dieser Form in keiner anderen seiner Schriften zu finden sind:

1) Es gibt eine Empfindung des bloßen Seins, eine *aisthesis* der Existenz. Aristoteles wiederholt es unter Aufbietung ontologischer Terminologie mehrmals: *aisthanometha oti esmen*, *aisthesis oti estin*: das *oti estin* ist die Existenz – das *quod est* – im Gegensatz zur Essenz (*quid est*, *ti estin*).
2) Diese Empfindung der Existenz ist in sich angenehm, süß (*edys*).
3) Sein und Leben, sich-sein-fühlen und sich-leben-fühlen sind austauschbar. Das ist die entschiedene Vorwegnahme eines Nietzsche'schen Lehrsatzes: »Das ›Sein‹ – wir haben keine andere Vorstellung davon als ›leben‹.«

(Eine ganz ähnliche, wenn auch allgemeinere Behauptung findet sich *De An.* 415b 13: »Das Sein der Lebewesen besteht im Lebendigsein.«)

4) In dieser Empfindung der Existenz insistiert eine andere, spezifisch menschliche Empfindung in Gestalt des Mit-Empfindens (*synaisthanesthai*) der Existenz des Freundes. *Freundschaft ist die Instanz dieser Mit-Empfindung der Existenz des Freundes in der Empfindung der eigenen Existenz.* Das heißt aber, dass der Freundschaft neben der ontologischen auch politische Bedeutung zukommt. Denn die Empfindung des Seins ist immer schon geteilt und mit-geteilt: Der Name dieser Mit-Teilung lautet Freundschaft. Intersubjektivität – diese Chimäre der Modernen –, eine Beziehung zwischen Subjekten gibt es nicht. Vielmehr ist das Sein selbst geteilt, mit sich selbst nicht-identisch: das Ich und der Freund sind die zwei Seiten – oder die beiden Pole – dieser Mit-Teilung.

5) Mithin ist der Freund ein anderes Selbst, ein *heteros autos*. In seiner lateinischen Fassung – *alter ego* – kann der Ausdruck auf eine lange Geschichte zurückblicken, die hier nicht rekonstruiert werden kann. Festzuhalten bleibt, dass der griechische Wortlaut präziser ist, als er für moderne Ohren klingt.

Sowohl im Griechischen als auch im Lateinischen gibt es zwei Worte, um Andersheit zu bezeichnen: *allos* (lat. *alius*) meint Andersheit im Allgemeinen, *heteros* (lat. *alter*) bezeichnet die Andersheit als Gegensatz zweier Dinge, als Verschiedenheit. Auch ist lateinisch *ego* keine exakte Übersetzung von *autos*, das »selbst« bedeutet. Der Freund ist kein anderes Ich, sondern eine der Selbstheit immanente Andersheit, ein Ein-Anderer-Werden seiner selbst. Eben in dem Moment, in dem ich meine Existenz als angenehm empfinde, wird diese Empfindung von einem Mit-Empfinden durchkreuzt, das sie zum Freund, zum anderen Selbst hin verschiebt. Die Freundschaft ist diese Desubjektivierung im Herzen innerster Selbstwahrnehmung.

6. Dass die Freundschaft für Aristoteles ontologischen Stellenwert besitzt, darf nun als erwiesen gelten. Sie ist Gegenstand der *prote philosophia*, weil es in ihr um die Erfahrung, die »Empfindung« des Seins selber geht. Jetzt wird verständlich, warum »Freund« kein wirkliches Prädikat sein kann, das einem Begriff beigelegt wird, um ihn in eine bestimmte Klasse einzuschreiben. »Freund« ist, um es mit modernen Begriffen zu sagen, keine Kategorie, sondern ein Existenzial. Doch dieses – als solches begrifflich

nicht fassbare – Existenzial wird von einer Intensität durchdrungen, die es mit so etwas wie einer politischen Kraft auflädt. Diese Intensität ist das *syn*, das »mit«, das die Empfindung, die Lust zu existieren teilt, disseminiert und mitteilbar – ja, zu immer schon Mit-geteiltem – macht.

Dass diese Mit-Teilung für Aristoteles eine politische Bedeutung hatte, spricht aus einer Stelle des Textes, den wir gerade analysiert haben und auf den wir noch einmal zurückkommen wollen:

> Daher muss man auch vom Freund mit-empfinden, dass er ist, und das wird geschehen im Zusammenleben und im Teilen (*koinonein*) von Worten und Gedanken. In diesem Sinne sagt man, dass die Menschen zusammenleben (*syzen*), und nicht wie vom Vieh, dass sie dieselbe Weide teilen.

Die Formulierung, die wir mit »die Weide teilen« übersetzt haben, lautet im Original *en to auto nemesthai*. Das Verb *nemo* jedoch – das, man denke nur an das Deverbativ *nomos*, voll politischer Implikationen steckt – hat im Medium auch die Bedeutung »teilhaben«: Aristoteles' Formulierung könnte also ganz allgemein »am selben teilhaben« bedeuten. Wie dem auch sei, entscheidend ist, dass die menschliche Gemeinschaft im Unterschied zu der der Tiere durch ein Zusammenleben (*syzen* wird hier zum Terminus technicus), das nicht durch Teilhabe an einer gemeinsamen Substanz, sondern durch eine bloß existenzielle, sozusagen gegenstandslose Mit-Teilung definiert ist: Freundschaft als Mit-Empfindung des bloßen Faktums zu sein. Freunde teilen nicht etwas (eine Herkunft, ein Gesetz, einen Ort, einen Geschmack): Die Erfahrung der Freundschaft teilt sie einander mit. Freundschaft ist die Mit-Teilung die jeder Teilung vorausgeht, denn was sie zu verteilen hat, ist das bloße Faktum der Existenz, das Leben selbst. Und diese gegenstandslose Verteilung, dieses ursprüngliche Mit-Empfinden, ist die Grundlage jeder Politik.

Wie aus dieser ursprünglichen politischen Synästhesie im Laufe der Zeit der Konsens wurde, dem die heutigen Demokratien in ihrer letzten, bis zur Erschöpfung zum Äußersten getriebenen Entwicklungsphase ihr Schicksal anvertrauen, ist, wie man so schön sagt, eine andere Geschichte, über die nachzudenken, ich Ihnen überlassen möchte.

Literaturverzeichnis

Becker: Oskar Becker, »Von der Hinfälligkeit des Schönen und der Abenteuerlichkeit des Künstlers«, in: ders., *Dasein und Dawesen. Gesammelte philosophische Aufsätze*, Pfullingen: Neske 1963, S. 11–40.

Bréhier: Émile Bréhier, *La Théorie des incorporels dans l'ancien Stoïcisme*, Paris: Picard 1908.

Deleuze: Gilles Deleuze, *Logik des Sinns*, aus d. Franz. v. B. Dieckmann, Frankfurt am Main: Suhrkamp 1993 (Originalausg.: *Logique du sens*, Paris: Minuit 1969).

Diano: Carlo Diano, *Forma ed evento. Principii per un'interpretazione del mondo greco*, Venezia: Neri Pozza 1952.

Eberwein: Elena Eberwein, *Zur Deutung mittelalterlicher Existenz*, Bonn/Köln: Röhrscheid 1933.

Grimm: Jacob Grimm, *Frau Aventiure klopft an Beneckes Thür*, Berlin: Besser 1842.

Hegel: Georg Wilhelm Friedrich Hegel, *Vorlesungen über die Ästhetik II*, Bd. 14 der *Werke in 20 Bänden*, Frankfurt am Main: Suhrkamp 1986.

Heidegger 1: Martin Heidegger, *Sein und Zeit*, Tübingen: Niemeyer 1972 (12. Aufl.).

Heidegger 2: Martin Heidegger, *Zur Sache des Denkens*, Tübingen: Niemeyer 1976.

Heidegger 3: Martin Heidegger, *Identität und Differenz*, Pfullingen: Neske 1957.

Mertens: Volker Mertens, »Frau Aventiure klopft an die Tür ...«, in: *Im Wortfeld des Textes. Worthistorische Beiträge zu den Bezeichnungen von Rede und Schrift im Mittelalter*, hg. v. Gert Dicke u. a., Berlin/New York: de Gruyter 2006, S. 339–346.

Ranke: *Enzyklopädie des Märchens*, hg. v. Kurt Ranke u. a., Bd. 1, Berlin/New: York de Gruyter 1977.

Rosenkranz: Karl Rosenkranz, *Über den Titurel und Dante's Komödie*, Halle/Leipzig: Reincke 1829.

Simmel: Georg Simmel, »Das Abenteuer«, in: ders., *Philosophische Kultur. Gesammelte Essais*, Leipzig: Klinkhardt 1911, S. 11–28.

Spitzer: Leo Spitzer, »The Prologue to the ›Lais‹ of Marie de France and Medieval Poetics«, in: *Modern Philology* 41 (1943), S. 96–102.

Stolz/Schmalz: Friedrich Stolz, Joseph H. Schmalz, *Lateinische Grammatik*, München: C. H. Beck 1928.

Strohschneider: Peter Strohschneider, »*âventiure*-Erzählen und *âventiure*-Handeln. Eine Modellskizze«, in: *Im Wortfeld des Textes*, op. cit., S. 377–383.

The translation of this book has been funded by SEPS – Segretariato Europeo per le Pubblicazioni Scientifiche.

Erste Auflage Berlin 2018

MSB Matthes & Seitz Berlin Verlagsgesellschaft mbH
Göhrener Str. 7 | 10437 Berlin
info@matthes-seitz-berlin.de

Satz: psb, Berlin
Druck und Bindung: Art Druk, Szczecin
Umschlaggestaltung nach einer Idee
von Pierre Faucheux
ISBN 978-3-95757-340-7
www.matthes-seitz-berlin.de